北大中文百年纪念

我們的五院

充和

杜晓勤 邵燕君 柳春蕊 编

北京大学出版社
PEKING UNIVERSITY PRESS

图书在版编目（CIP）数据

我们的五院／杜晓勤，邵燕君，柳春蕊编．—北京：北京大学出版社，2010.10
（北大中文百年纪念）
ISBN 978-7-301-17865-2

Ⅰ．我… Ⅱ．①杜…②邵…③柳… Ⅲ．北京大学－校友－回忆录
Ⅳ．①G649.281

中国版本图书馆CIP数据核字（2010）第192173号

书　　名：我们的五院
著作责任者：杜晓勤　邵燕君　柳春蕊　编
责任编辑：艾　英
标准书号：ISBN 978-7-301-17865-2/G·2969
出版发行：北京大学出版社
地　　址：北京市海淀区中关村成府路205号　100871
网　　址：http：//www.pup.cn　电子信箱：pkuwsz@yahoo.com.cn
电　　话：邮购部 62752015　发行部 62750672　出版部 62754962
编辑部 62752022
装帧设计：北京奇文云海文化传播有限公司
印 刷 者：三河市北燕印装有限公司
经 销 者：新华书店
730mm×1020mm　16开本　15.25印张　280千字
2010年10月第1版　2010年10月第1次印刷
定　　价：30.00元

那些日渐清晰的足迹（代序）

陈平原

随着时光流逝，前辈们渐行渐远，其足迹本该日渐模糊才是；可实际上并非如此。因为有心人的不断追忆与阐释，加上学术史眼光的烛照，那些上下求索、坚定前行的身影与足迹，不但没有泯灭，反而变得日渐清晰。

为什么？道理很简单，距离太近，难辨清浊与高低；大风扬尘，剩下来的，方才是“真金子”。今日活跃在舞台中心的，二十年后、五十年后、一百年后，是否还能常被学界记忆，很难说。作为读者，或许眼前浮云太厚，遮蔽了你我的视线；或许观察角度不对，限制了你我的眼光。借用鲁迅的话，“伟大也要有人懂”。就像今天学界纷纷传诵王国维、陈寅恪，二十年前可不是这样。在这个意义上，时间是最好的裁判，不管多厚的油彩，总会有剥落的时候，那时，什么是“生命之真”，何者为学术史上的“关键时刻”，方才一目了然。

当然，这里有个前提，那就是，对于那些曾经作出若干贡献的先行者，后人须保有足够的敬意与同情。十五年前，我写《与学者结缘》，提及“并非每个文人都经得起‘阅读’，学者自然也不例外。在觅到一本绝妙好书的同时，遭遇值得再三品味的学者，实在是一种幸运”。所谓“结缘”，除了讨论学理是非，更希望兼及人格魅力。在我看来，与第一流学者——尤其是有思想家气质的学者“结缘”，是一种提高自己趣味与境界的“捷径”。举例来说，从事现代文学或现代思想研究的，多愿意与鲁迅“结缘”，就因其有助于心灵的净化与精神的提升。

对于学生来说，与第一流学者的“结缘”是在课堂。他们直接面对且日后追怀不已的，并非那些枯燥无味的“课程表”，而是曾生气勃勃地活跃在讲台上的教授们——20世纪中国的“大历史”、此时此地的“小环境”，讲授者个人的学识与才情，与作为听众的学生们共同酿造了诸多充满灵气、变化莫测、让后世读者追怀不已的“文学课堂”。

如此说来，后人论及某某教授，只谈“学问”大小，而不关心其“教学”好坏，这其实是偏颇的。没有录音录像设备，所谓北大课堂上黄侃如何狂放，黄节怎么深沉，还有鲁迅的借题发挥等，所有这些，都只能借助当事人或旁观者的“言说”。即便穷尽所有存世史料，也无法完整地“重建现场”；但搜集、稽考并解读这些零星史料，还是有助于我们“进入历史”。

时人谈论大学，喜欢引梅贻琦半个多世纪前的名言：“所谓大学者，非谓有大楼之谓也，有大师之谓也。”何为大师，除了学问渊深，还有人格魅力。记得鲁迅《关于太炎先生二三事》中有这么一句话：“先生的音容笑貌，还在目前，而所讲的《说文解字》，却一句也不记得了。”其实，对于很多老学生来说，走出校门，让你获益无穷、一辈子无法忘怀的，不是具体的专业知识，而是教授们的言谈举止，即所谓“先生的音容笑貌”是也。在我看来，那些课堂内外的朗朗笑声，那些师生间真诚的精神对话，才是最最要紧的。

除了井然有序、正襟危坐的“学术史”，那些隽永的学人“侧影”与学界“闲话”，同样值得珍惜。前者见其学养，后者显出精神，长短厚薄间，互相呼应，方能显示百年老系的“英雄本色”。老北大的中国文学门（系），有灿若繁星的名教授，若姚永朴、黄节、鲁迅、刘师培、吴梅、周作人、黄侃、钱玄同、沈兼士、刘文典、杨振声、胡适、刘半农、废名、孙楷第、罗常培、俞平伯、罗庸、唐兰、沈从文等（按生年排列，下同），这回就不说了，因其业绩广为人知；需要表彰的，是1952年院系调整后，长期执教于北大中文系的诸多先生。因为，正是他们的努力，奠定了今日北大中文系的根基。

有鉴于此，我们将推出“北大中文文库”，选择二十位已去世的北大中文系名教授（游国恩、杨晦、王力、魏建功、袁家骅、岑麒祥、浦江清、吴组缃、林庚、高名凯、季镇淮、王瑶、周祖谟、阴法鲁、朱德熙、林焘、陈贻焮、徐通锵、金开诚、褚斌杰），为其编纂适合于大学生／研究生阅读的“文选”，让其与年轻一辈展开持久且深入的“对话”。此外，还将刊行《我们的师长》、《我们的学友》、《我们的五院》、《我们的青春》、《我们的园地》、《我们的诗文》等散文随笔集，献给北大中文系百年庆典。也就是说，除了著述，还有课堂；除了教授，还有学生；除了学问，还有心情；除了大师之登高一呼，还有同事之配合默契；除了风和日丽时之引吭高歌，还有风雨如晦时之相濡以沫——这才是值得我们永远追怀的“大学生活”。

没错，学问乃天下之公器，可有了“师承”，有了“同窗之谊”，阅读传世佳作，以及这些书籍背后透露出来的或灿烂或惨淡的人生，则另有一番滋味在心头。正因此，长久凝视着百年间那些歪歪斜斜、时深时浅，但却永远向前的前辈们的足迹，有一种说不出的感动。

作为弟子、作为后学、作为读者，有机会与曾在北大中文系传道授业解惑的诸多先贤们“结缘”，实在幸福。

2010年3月5日于京西圆明园花园

目 录

老学生眼中的吴小如

陈丹晨

吴小如先生是我的业师，不只是听过他一年多的课，而且还是我的论文导师，我可算是入室弟子；但说来惭愧，我不仅未窥吴先生学问的堂奥，甚至连门都没有真正进入。因此平日都不好意思对他人提及。这是怎么一回事呢？

记得那是1957年新学年开始，按教学计划规定，我们三年级学生应完成一篇学年论文。中文系公布了论文题目和指导老师名字，由学生自选。我选的题目是《鲍照》，导师吴小如先生。那时北大经过院系调整，大批著名教授云集，主课如中国文学史的主讲老师就有游国恩教授、林庚教授、浦江清教授、吴组缃教授、季镇淮副教授、王瑶副教授、阎简弼副教授、萧雷南副教授等等，真可谓极一时之盛。文学专业的论文导师也都是由正副教授担任的，其中却有一位讲师，就是吴小如先生。那时吴先生约三十五岁左右，任北大讲师已有五年了。他先当浦江清先生助手，浦先生很赏识他，让他上讲台讲宋元明清文学史。浦先生逝世后，江隆基副校长当面嘱咐吴先生说："浦先生的课就偏劳你了！"说明学校领导也很重视他。后来他又辅助吴组缃先生，我们就是在这时听吴先生讲"宋元明清"这一段，吴组缃先生只讲其中的明清小说部分。这在当时，至少我没有发现别的讲师有吴先生那样的机会的。同样，能让担任论文导师的似也不多见。我觉得吴先生已是介乎年轻教师与老教授之间的

吴小如先生

一位突出的担起相当于副教授重任的老师，是备受老一辈重视的。所以，在经过长期阶级斗争岁月后，80年代初中文系第一次恢复评职称时，做了二十八年讲师的吴小如先生和林焘副教授一起最早被评为教授。他是由林庚、吴组缃先生联名推荐，一步到位的。

其实，学生的眼睛也是很“毒”的。平时私下常常会议论老师的资历，名气大小，发表文章多少，水平如何……我那时没有选诸如李、杜、红楼梦、鲁迅这类热门题目，似乎失去了一个投师名教授的机会，那是出于自己不想凑热闹，也可说怕困难，觉得那些题目不易说出新意来。我对魏晋南北朝时期的文学一直很感兴趣，《鲍照》这个题目相对来说似较冷僻些；知道吴先生对此有专门研究，同时对他的学问也很钦羡。因为我们刚刚读完的中国文学史前半段课程中的讲义《先秦两汉文学史参考资料》，是由游国恩先生主持、亲自选定篇目并审稿；实际从初始的选注到后来的统稿定稿都是由吴先生承担的。开始时游先生抓得比较紧，后来看他做得不错，就放手说：就照这样做下去吧！

这本《先秦两汉文学史参考资料》选材之精确得当，注释之详尽，引述材料之丰富，解说之可信，可说是上个世纪50年代以来不多见的。虽然出版了许多古典作家作品选注本，但我孤陋寡闻，也许有点武断地认为：很少能超过这部书的水平。因为这个时期的作品多是古籍经典，一方面深奥难懂，一方面前人已作过各种解说，现在将千百年来有代表性的各家歧异的注疏都钩沉引述于此，甚至近代学者如闻一多到余冠英等等的重要看法也都征引靡遗。这样广征博引并加翔实的考订签注，正显示了游先生门下特别是吴先生的深厚渊博的学术功力。这是正宗的乾嘉学派学风，真正的训诂学，如今已是难得的绝学了。吴先生先后曾师从游国恩、俞平伯、周祖谟等先生，学养深厚，对自己研究讲解古代诗文时一贯要求：通训诂，明典故，察背景，考身世，最后归结到揆情度理，对每首诗每一字都有正确理解。所以，这部书后来高教出版社、中华书局先后都出叛过，也为学术界所称道推崇。据说美国哥伦比亚大学至今仍列为教材。这本资料最初是逐页零星散发给学生用的，作为文学史教研室的集体成果，也没有署个人名字，即使后来正式出版时也只是在说明中提了一下而已。我自己那份后来装订成册，保存到现在半个世纪了，仍视为珍品。

那时，吴先生已发表过许多文章，有了一定知名度。他在学校里用的是本名吴同宝。当时《文艺学习》连载完王瑶先生的《中国诗歌讲话》后，王先生就推荐吴先生续写《中国小说讲话》连载，虽是普及性的，但影响很大，人们更熟知吴小如了。但他对《先秦两汉文学史参考资料》所做的贡献，却只有中文系部分师生知道。因为吴先生的学术功力渊深，又年轻，所以系里常把他当重要劳力使用：他是开课最多的老师之一，不仅讲断代史，还讲几千年的文学通史，也还按不同文体开讲各个专题课，还讲工具书使用法等等。他不是泛泛地讲些大路货，而是精细分析，常发他人未发之见，听者如醍醐灌顶，豁然开朗。他的本职工作是在“宋元明清”那段，但“先秦两汉”那段有事也找他，后面的“晚清”那段也找他。50年代末，我参加了季镇淮先生指导的《近代诗选》编选注解工作，同事者有孙静、杨天石、孙钦善、陈铁民、刘彦成、李坦然等同学。因是前人尚未做过的，疑难较多，只得求助于各方，其中就常找吴先生。季先生就说："吴小如有办法，找他找他，他能解决。"特别是龚自珍的诗，典故多而生僻，杨天石常送请他帮助，他总是下工夫查证才考订解答，做了许多工作。

那时，他讲课之余，还收了同学们的笔记本，将他讲的二十多万字的"宋元"部分检查审阅。大学老师一般是不会这样做的，他却看得非常仔细，以致在我的密密麻麻的字缝中，发现了问题：在讲元杂剧起源时，我记着"吴同宝以为今之梨园戏与南戏有渊源关系"；吴先生即加了夹批说：这并非我的意见，是梨园戏演员公认的。"在笔记本的末尾，总批："详细，清楚，有概括力。"我当然很受鼓舞。但在当时，对于这样一位才华出众、勤奋严谨的学者，却有一些"革命派"看不顺眼，我就曾听到过对他的议论，无非是说他"个人主义"、"白专道路"、"思想落后"、"旧意识"等等诸如此类的话。所以，我一直觉得吴先生是很受压的。时间长了，吴先生自己平日也很谨慎小心，总是谦和多礼的样子，想是为了避免麻烦。

当我认了论文题目后，照例应去拜见老师。吴先生住在北大中关园宿舍区。那是个名副其实的村落。一排排土灰色的平房，到处是土路泥地，整个大院可说是灰头土脸，偶然有几株细柳垂杨的绿色，给这个灰蒙蒙的村子增添了一点亮色。家家户户门前都圈了一小块地，种了些向日葵、蔬菜之类，进村就能听到"鸡犬相闻"。这还好像是讲师以上的教员和党委领导住的。吴先生的八十一号寓所是属于小户型的，并不宽敞，客厅很小。他平日对学生就像同辈一样，随和得没大小。谁知这样正经的讲学问，谈论文似乎也就这一遭。因暑假后，反右派运动又掀起第二波，反得比暑假前要更凶，面更广，涉及的人愈来愈多。不久校系通知本年度的论文取消不搞了，集中精力搞运动。这样我的《鲍照》也就烟消云散。再后来，

“反右”刚告一段落，接着又掀起一股“双反运动”，实为大规模批判老知识分子；发动学生批老师的所谓“拔白旗，插红旗”。不久进入“大跃进”更是停课闹革命，正常教学活动完全停止了，正常的师生关系扭曲成了对立双方！这种荒诞的气氛一直延续到我毕业离校，这就是我一开始说我没有学到吴先生学问的缘由。但是，吴先生对待学问，即使窗外风雨雷电，也从不旁骛，不计毁誉，总是埋首学术，坚持不懈。这种穷根究底、执著地求真求知的治学精神一直感染和影响着我。我虽不能学其万一，后又因工作性质决定，未能实现从事古典文学研究的初衷（毕业前后我在《文学遗产》已发表了三四篇论文），但我仍记着吴先生对我的教诲。

学年论文以及毕业论文都取消了，但我有空闲时还到吴先生那里去走动看望。1958 年暑假，我回家前向吴先生辞行，先生托我到上海取一些旧唱片带回北京，是他请朋友设法搜求购得的。我记得后来还带过一两次，每次约十张左右，老唱片都很大很重，有梅兰芳、杨小楼等等名家，都是二三十年代或更早些时候出品的，很有些年头了，装在一个大盒里。当时京沪线火车要走三十六小时，我们学生坐硬座，背到北京也不容易。我心里嘀咕：现在正在批判“厚古薄今”，要“破旧立新”，吴先生怎么还这样迷京剧？这个时候还搜罗这些旧玩意儿！怪不得人家说他“旧”呢！“文革”后，不断看到他写的有关京剧的文章和著作，慢慢地知道他从小就痴爱京剧，十岁时就购置了一台留声机，开始收藏唱片，数十年来未曾间断，迄今约收藏了上千张罕见的精品，视为至宝，是国内极少数私人京剧唱片收藏家之一了。他一生至少看了一千五百场京剧，玩票学了四五十出戏。演出过三次，更重要的是他成了研究京剧历史发展、理论、表演的专家，其学问之深厚，掌握史料掌故之丰富，欣赏表演之慧眼独具，如今可说是独步菊坛了。他的《吴小如戏曲文录》，长达七十万字篇幅，就是其中重要的结晶。

“文革”初期，我曾独自到北大看大字报，校园里气氛相当紧张恐怖，在喧嚣杂乱的人群外看见吴先生推着自行车，神色仓皇的样子。我们心不在焉地说了两句话就匆匆离散了。他平日谨慎，我想可能还安全；但那时祸事随时可能降临到每个人头上，谁也不晓得自己的命运会是怎样。果然，后来听说他被造反派误认“教授”列为反动权威，打入“黑帮队”，被抄家，关牛棚时间也特长，吃了不少苦头。

后来就是上个世纪后期，吴先生和大家一样得到了发挥自己才学的机会，他教书，教古代文学史、古代诗词、古代散文、古代小说、古代戏曲等等，他写书写文章，继续他的训诂学，精确讲述解析诗词曲文古籍。他主编的《中国文化史纲要》重印多次，获“北大优秀教材”之誉，他著的《读书丛札》、《中国文史工具资料书举要》受到海内外学术界的重视和好评。他的著作甚丰，有近二十种。现在很风行向大众讲解古籍，但有的是天马行空。像他那样严谨做学问的，以后大概不会很多了，有人称他是“国学大师”，我总觉得这些称呼如今已太廉价太滥了，并不能说明什么。如果说吴先生是最后一位训诂学家，乾嘉学派最后一位朴学守望者，大概还是合适的。

使我惊异的是，吴先生的精神状态今昔变化很大。他开始把视野从书斋、校园扩大到社会，譬如：对学界某些不良现象颇多批评，即使冒犯某些红得发紫的名人，也在所不顾。尤其是对一些文化圈中人普遍存在的基本语文知识错误混乱甚为忧心，由此感到国民文化素质严重下降，常常一而再地大声疾呼；并且锲而不舍地做着像小学教师做的纠错指谬的工作。吴先生已不只是埋首书斋，而是一位忧国忧民敢于直言，用自己的学术关注着民族文化健康提升的为人师表的大学者，因而获得了语文教育界的赞赏和尊敬。

90 年代初，有一次本年级老同学聚会，一些校领导、老师也参加了，还讲了话。那时社会上有些“革命派”对北大唧唧喳喳、横加指责，正是空气低沉的时候。别人发言都很平和，惟独吴先生很激动地说："我认为我们北大人就是好样儿的！"一言既出，举座皆惊。我几乎不敢相信：这是平日谦和谨慎的吴先生说的！

如果说吴先生老而弥坚，是一点也不虚夸的。我想起鲍照诗中颇多不平之气，他的著名的组诗《拟行路难》中，有诗云："心非木石岂无感，吞声踯躅不敢言。"但是现在呢？该是："丈夫生世会几时，安能蹀躞垂羽翼？"真的要向他这种勇敢面对的精神致以敬意。我这个老学生也一样仍还要恭恭敬敬向先生学习。

（原载 2007 年 7 月 2 日《文汇报》）

有生命热度的学术

——“我的阅读史”之乐黛云

洪子诚

上高中和刚进北大的时候，我就知道乐黛云的名字，在文艺刊物上读过她的文章。1956年，她的连载于《文艺学习》上的《现代中国小说发展的一个轮廓》，也认真读过。56年9月我入学时，她在北大已经有四年的教龄。但在校五年学习期间，却没有听过她的课。原因很简单，1957年春天，她和文学史教研室的另外八位青年教师，筹办名为《当代英雄》[1]的同仁刊物。不知道记忆是否准确，我在当时中文系办公地点的文史楼二楼墙上，看到创刊号的目录预告；里面有和毛泽东《讲话》商榷的文章。刊物没有办成，九位先生（还有傅璇琮、沈玉成、褚斌杰、金开诚、倪其心、裴家麟、潘兆明……）却都成了右派。乐黛云是领头的，成了“极右分子”。受到的惩罚是：开除公职，每月16元生活费，遣送京郊门头沟山区的斋堂“监督劳改”。她自己说，因为总不“认罪”，右派“帽子”迟迟不能摘掉。1962年才回到中文系的资料室当资料员。

我和乐先生有较多机会接触的时间，一是63—65年间。当时，她“获准”担任写作课的教学，和我在一个教学小组。说是教学小

---

〔1〕刊物名字与莱蒙托夫的小说《当代英雄》有关。当时，那个才气横溢的多余人皮却林，在大学知识青年中，有一定的影响。

乐黛云先生与汤一介先生合影

组，人数多的时候竟有二十多人。另外就是69年底到71年秋天的江西鲤鱼洲“五七干校”劳动。但我们并没有很多交往。这些年来她的著述编纂成果丰硕，受囿于褊狭的观念，我读过的大体是与自己“专业”相关的论著，以及她讲述自己生活的自传、随笔〔1〕。另外，她主持的《北大学术讲演丛书》和《比较文学研究丛书》，也认真读过一些。虽然不能完全理解，但对我的学术眼界、方法的更新，常有难以忘怀的启示意义。〔2〕

“罗网困陷”的体验

1980年乐黛云发表了两篇文章。一篇是《论〈伤逝〉的思想和

〔1〕这些讲述生活、学术道路的自传、随笔集，我读过的有《我就是我》（台北：正中书局，1995年）、《绝色风霜》（南昌：百花洲文艺出版社，2000年），《探索人的生命世界》（北京：中国广播电视出版社，2007年），《四院 沙滩 未名湖》（北京：北京大学出版社，2008年），《乐黛云传》（王鸿儒，北京：中央文献出版社，2008年）等。

〔2〕这些书中，像杰姆逊的《后现代主义与理论》，普安迪的《中国叙事学》，佛克马、蚁布思的《文学研究与文化参与》等，以及张京媛主编的《当代女性主义文化批评》、《新历史主义与文化批评》、《后殖民主义文化批评》等，在学界都发生过重要影响。

艺术》[1]，另一篇是《尼采与中国现代文学》[2]，我都读过。刊载论《伤逝》的这一期的《新文学论丛》[3]，也有我的《关于对“写真实”的批判》。对比之后，就意识到在学识、修养上的分明差距；最主要的是我的文字的那种浮躁之气。不过对她的这篇文章，当时也不以为就怎样出色，觉得于“当代”的相关研究，好像没有很多的超越。有关涓生、子君的“个性主义”局限，以及对“个人主义”危害的揭发，在右派批判中，在58年“讨论”巴金、讨论《约翰·克利斯朵夫》的时候，已经听得够多了。因此，当时没有读出这篇文章另外的涵义。待到后来，参照了乐黛云的自传和其他文章，才意识到某种独特的东西从我的阅读中漏掉了。其实，文章中所谓个性主义的局限、个体在社会生活中的困境，别有一种指向，蕴含着作者生命的苦涩体验，和对这些体验的思索。这篇文章虽然发表在80年，却写于1963年，那时乐黛云从劳动改造的乡下回到学校不久。文章投给《人民日报》，但未能发表。1994年，在生命流逝已有一个甲子的时候，乐黛云回顾来路有这样的感慨：“我的生活充满了跌宕起伏，无论好事坏事全都来得出人意料，完全无法控制；大事如此，小事亦然。”所以她说：“……米歇尔·傅科曾经断言：个人总是被偶然的罗网困陷而别无逃路，没有任何‘存在’可以置身于这个罗网之外。”[4]《论〈伤逝〉的思想和艺术》讲述的，就是这种生存经验。“当我作为极右派在农村‘监督劳改’的时候，我常常想起《伤逝》，想起靠‘一点小米维系残生’的‘鸟贩子手里的禽鸟’，想起‘被系着细线，尽情玩弄、虐待’的坏孩子书中的蜻蜓，想起那无所不在，而又看不见、摸不着，冠冕堂皇，无法反抗的‘无物之

---

〔1〕《新文学论丛》1980年第1期，北京：人民文学出版社，1980年。

〔2〕《北京大学学报》1980年第3期。

〔3〕人民文学出版社1980年出版的一份集刊性质的文学批评、研究期刊。

〔4〕《我就是我》自序，台北：正中书局，1995年。

阵'。"对乐黛云来说，个人的这种"偶然的罗网困陷"，其实并不需要读了福科才能明白，那便是她的生活本身。由是，她常常"不免满心悲凉"[1]。

"文革"期间在鲤鱼洲，乐黛云是劳动能手，有力气，也不吝惜力气。我不止一次听她说，她常有这样的念头：能在农村有一间茅草屋，房前种豆，房后种瓜，也养鸡养鸭，过着日出而作、日落而息的简单生活。说这些话，有时候是在表示"扎根"农村的决心，有时候则是检讨"消沉"的思想。但我当时将信将疑，甚且是不愿相信，觉得这不大真实。当时在开会的时候，我也会说些什么"长期扎根"的话，心里其实是盼望、并且也认为终会离开这个对我来说其实是"无根"的地方，回到原来的生活轨道。以己度人是我常犯的毛病，因此就很容易地忽略不同生活经验在心灵中留下的不同刻痕，忽略她的那种对"政治"厌恶、恐惧，对知识分子群体警惕的心理内容。[2]这也就是没有能读出她的文章中真实含义的原因。这种隔膜，这种丝毫没有觉察，不由得使我想到，人们有时候在言语、在文字、在举手投足中的寄托，可能就难以被"读"出，如果不是自己出来解说，就永久埋藏，或没有留下任何痕迹地失散飘逝。

当然，对个人"罗网困陷"的深切体验，在乐黛云那里，并没有导致放弃个人责任的悲观厌世，也未推导至无是非的相对主义。从"本质"上说，即使身处逆境，她也是对未来仍有期待的理想主义者。只不过意识到"罗网"存在，理想也就剥离那种虚无缥缈的成分，而行动也更为坚实。最主要的是，她意识到个人的这种处境，却不夸张、放大这种受难。正如一位评论者说的，"在她看来，错

---

[1] 乐黛云：《我就是我》，第 72—73 页。

[2] 1950 年夏天，那时正是乐黛云热烈向往、投身革命的时候。她作为中国学生代表团成员，参加在捷克的布拉格召开的第二届世界学生代表大会。代表团秘书长柯在铄曾问她是否愿意留在全国学联驻外办事处工作，并说可以到莫斯科大学留学。"我对此……一口回绝，自己也说不清是什么原因。我虽然积极参加各种革命工作，但内心深处却总是对政治怀着一种恐惧和厌恶之情。"《我就是我》，第 39 页。

误并不都在一面，而是由于许多个人无能为力的、错综复杂的历史机缘所造成”。因而，个人在受限的处境中的行为轨迹，虽是生命中偶然的点和线，但是，将各种“偶然”连成一气，也有可能展现那“似有似无”的“必然”。这就是“别无逃路”的个人的勇气和胆识的根据：

> 如果把某种主体意识通过自身经验，建构而成的文本也看作一种历史，那么，这些点点线线倒说不定可以颠覆某些伟大构架，在一瞬间猛然展现了历史的面目，而让人们于遗忘的断层中得见真实。[1]

“思想之源”的鲁迅

和读了论《伤逝》的毫无感觉不同，她发表于同年的《尼采与中国现代文学》[2]，我却印象深刻；它在当时的学术界也产生一定反响。反响来自几个方面。首先是有关尼采的研究。在“当代”中国，尼采大部分时间是以“法西斯思想的先驱”、“歌颂帝国主义战争”、宣扬“弱肉强食”的“权力意志”的反动、丑恶面目出现。[3]在这篇文章中，这样的图像发生翻转式的改变，他成为一个质疑旧价值观的偶像破坏者，成为一个“超越平庸”的、精神健康的“超人”形象。这是当时让人感兴趣的一点。其次，有关鲁迅与尼采的关系。它“大胆肯定尼采对鲁迅思想影响具有积极意义”[4]，而不是像“当代”通常论述那样，将尼采影响看成是消极因素的损

---

〔1〕《我就是我》自序。

〔2〕《北京大学学报》1980年第3期。

〔3〕参看1957年初版、1972年修订的《欧洲哲学史简编》（汪子嵩、张世英、任华等编著，北京：人民出版社，1972年）。

〔4〕1981年《中国文学研究年鉴·鲁迅研究概况》，《中国文学研究年鉴·1981》第102页，北京中国社会科学出版社1982年。

害。第三，对于比较文学学科“重建”和在中西文化比较的领域、方法开拓的意义。

现在看来，文章还表达了乐黛云当时对鲁迅的看法。鲁迅是乐黛云重要的“思想之源”，是她心目中“二十世纪最了解中国的人”。虽然在写了有关《伤逝》和鲁迅与尼采的文章之后，没有将鲁迅作为主要研究对象，但对鲁迅的基本理解，一直是她观察社会、文化问题的主要思想支柱。在八九十年代，她先后编选了两册海外鲁迅研究论集[1]，它们在研究界曾发生不小的影响，尤其是收入夏济安、林毓生、李欧梵、丸山昇、竹内实、普实克等人文章的《国外鲁迅研究论集》。不夸张地说，当时这本论集，对我有一种打开“新的天地”的冲击。也许丸山昇、竹内实、普实克等在思路、用语上，我还不是那么陌生，因而对这些文章的重要价值有些忽略。冲击主要来自“英语国家”的那些观点和论述角度。论集中夏济安的两篇文章，题目都有“黑暗”这个词[2]。“黑暗”就是我那时获得的深刻感性印象。鲁迅写到目连戏中的鬼魂，在“当代”通常理解为是他强烈、决绝反抗精神的体现。但现在有了一些颇为“陌生”的说法。说“鲁迅无疑背负着某些鬼魂”；说他对这些鬼魂“甚至隐藏着一种秘密的爱恋”；说表现了“死的美和恐怖”的无常与女吊“在鲁迅一生中都保持着魅力”；说鲁迅“透过浓厚的白粉胭脂的假面，窥探着生命的奥秘”……夏济安有些遗憾地认为，鲁迅并未完成对这一奥秘的探究，他更多的是表达对社会罪恶的抗议，“然而，使他区别于他的同时代人的，正是他承认这种秘密，而且从不否认它的威

〔1〕《国外鲁迅研究论集 1960—1980》，北京：北京大学出版社，1981 年；《当代英语世界鲁迅研究》，南昌：江西人民出版社，1993 年。后者收入李欧梵、M. 安德生、D. 波拉德、林毓生、葛浩文等的 16 篇论文（或专著摘录）。

〔2〕夏济安的文章题目是《鲁迅作品的黑暗面》、《黑暗的闸门》。论集中的文章还有林毓生的《鲁迅的复杂意识》、竹内实的《中国的三十年代与鲁迅》、李欧梵的《一个作家的诞生——关于鲁迅求学经历的笔记》、丸山昇的《革命文学论战中的鲁迅》等。

力，他甚至可以被生活中存在的这种黑暗的威力所震魇。他同情那些脱离了他们的社会环境而处于孤独时刻的个人”[1]。

这些说法带来的新鲜感，源自那种对比性的感受。在此之前我读到的“标准”的鲁迅论述，基本上是“明亮”的、“白天”的：处理的对象既是“可见”的领域，而方法也逻辑而单向；所有的一切，包括情感心理，都只能在社会矛盾、制度的“物质”层面得到解释。对一个多少已被神化的人物的谈论，可否以“唯心主义”的语言方式，来触及其隐匿且复杂难明的生命世界，他的心灵秘密，他个人的孤独感，这是当时产生的疑问。夏济安他们的这些谈论，影响（确切地说，应该是预告）了 80 年代中国大陆“存在主义鲁迅”的逐渐浮现。鲁迅阐释的这种转向，甚至也表现在“新启蒙”倡导者李泽厚身上。1979 年，李泽厚出版了著名的《中国近代思想史论》。在《略论鲁迅的思想发展》那篇文章中，也说到尼采的影响，但目的是区分尼采和鲁迅：尼采“那种践踏群众高倨人民之上的超人哲学，与鲁迅本质格格不入”；“尽管个性主义的孤独感（“孤独感”下面加重点号）对鲁迅一生有强大影响……但鲁迅一生的出发点和着眼点始终是广大人民”。李泽厚又说，在“人道主义”和“个性主义”问题上，对鲁迅来说，前一因素比后一因素“要更为基本，更为持久，也更为重要”，“尽管从表面看来（例如常引尼采等）情况似乎相反”。他将鲁迅“不再是抽象的人性探讨，而是切实具体的社会揭露和批判”，看做是思想发展的重要标志。[2]

“文革”刚结束的“新时期”，是李泽厚呼喊、憧憬“农业小生产基础和立于其上的种种观念体系、上层建筑终将消逝，四个现代化必将实现”，“人民民主的旗帜要在千年封建古国的上空真正飘

---

〔1〕《国外鲁迅研究论集 1960—1980》，第 375—378 页。

〔2〕参见《中国近代思想史论》，北京：人民出版社，1979 年，第 453、449、450 页。

扬”[1] 的时候。这样的时候，不需要、也不应该发掘鲁迅的“孤独感”。但到了80年代后期，似乎已经“超越启蒙”的李泽厚对鲁迅有了新的解释。他说，鲁迅之所以有独特光辉和强大吸引力，除了对旧中国的传统文化鞭辟入里之外，是因为他“一贯具有的孤独和悲哀所展示的现代内涵和人生意义”。对于鲁迅与尼采的关系，也有了新的认识：鲁迅早期接受尼采哲学作为人生观，是他贬视庸俗、抨击传统、勇猛入世、呼唤超人的思想武器；但“也是他的孤独和悲凉的生活依据”，“这种孤独悲凉感由于与他对整个人生荒谬的形上感受中的孤独悲凉纠缠融合在一起，才更使它具有了那强有力的深刻度和生命力”。李泽厚引述鲁迅的《野草·一觉》之后，说他是在意识到“死”时感受到“生”的光彩，是在对“死亡”的意识中，在对人生极大悲观中，加深了存在的“强力意志”。在这个时候，李泽厚明确地将鲁迅与加缪联结，说“可惜加缪晚生，否则加缪将西西福斯（Sisrphus）徒劳无益却必须不停歇的劳动……比作人生，大概是会得到鲁迅的欣赏的吧？”[2] 李泽厚的鲁迅论述的变化，从一个侧面，呈现他自己，以及思想、文学界80年代的思潮演化的轨迹。

乐黛云编辑的鲁迅论集，在中国大陆最早提供具有“存在主义”色彩的鲁迅形象，但我猜想，她自己可能不是很认同这种描述。80年代后期，曾经有名为《拯救与逍遥》的著作为众多人所阅读。作者刘小枫在这本中西文化比较的书中也谈到鲁迅，谈到鲁迅与陀斯妥耶夫斯基、卡夫卡的区别。书中对“存在主义”有这样的分类，说鲁迅《野草》的存在主义，“只是施蒂纳、尼采、萨特、加缪式的存在主义，而不是克尔凯戈尔、舍斯托夫、马丁·布伯、

[1] 同上书，第488页。

[2] 李泽厚：《胡适 陈独秀 鲁迅》，刊于《福建论坛》1987年第2期。引自《中国现代思想史论》，北京：东方出版社，1987年，第112—113页。

马塞尔、乌纳穆诺的存在主义”。刘小枫说，鲁迅采纳了尼采的“唯有个体的生命是最终极的实在的主张”，“至死都在号召人们反抗并扑灭阻挡他们生命发展道路的任何一个人”，这样，鲁迅就和庄子一样，“任何价值形态的东西就被暗中勾销”。他说，虽然鲁迅和陀斯妥耶夫斯基都以觉醒的冷眼看清了残酷的历史事实，但重要的不同在于，后者给世人昭示的真理，“是神性的温柔、受难的爱心、对祈告的无限信赖”，“给世人昭示的是对上帝的绝望的信念”，而鲁迅昭示给世人的是“不可相信温柔、爱心、祈告和一切神圣的东西，除了人的生命权利，一切道德、宗教价值都是虚假的”。因而，陀斯妥耶夫斯基“超越历史的理性”，而鲁迅则是“屈从于历史理性”，被迫放弃对神圣的东西的信赖，根本否认价值，提倡以恶抗恶，成为“西式逍遥（现代虚无主义）的同路人”。〔1〕

将鲁迅置于“拯救”对立面的“逍遥”和“价值虚无主义”的范畴内，相信当时不少读者会同我一样，感到惊诧莫名，尽管刘小枫有他的逻辑，对“逍遥”、“虚无主义”也赋予特定的内涵。因而，在《拯救与逍遥》的后记中看到乐黛云对这样来谈论鲁迅的“愤怒”反应，就一点都不感到奇怪。〔2〕如果要说有一个“存在主义鲁迅”的话，乐黛云能够认可的限度，最多是刘小枫分类中的尼采、萨特、加缪式的存在主义，最多是李泽厚这样的鲁迅描述：“虽悲观却仍愤激，虽无所希冀却仍奋力前行”；其悲观主义“比陈独秀、胡适的乐观主义更有韧性的生命强力”，是不停向各种封建主义作韧性战斗的伟大启蒙者，但又超越启蒙，有着对人生意义的超越寻求；他的孤

〔1〕参见刘小枫：《拯救与逍遥》第四章“希望中的绝望与绝望中的希望”，上海：上海人民出版社，1988 年。

〔2〕《拯救与逍遥》的“后记”中，刘小枫感谢了“以各种方式鼓励了我的思考”和写作的朋友，其中说“乐黛云先生仔细阅读了第四章讨论鲁迅的部分，提出了许多有见地的看法（尽管她对我如此看待鲁迅表示愤怒）”。《拯救与逍遥》，第 539 页。

独与悲怆，是一种具有具体社会历史内容的孤独与悲怆。[1] 她既不会同意将孤独、悲凉感过分强调，更不会容忍将这种有具体社会历史内容的抗争、韧性战斗的孤独，看做是缺乏宗教救赎情怀的“逍遥”而放置于受批判的位置上。

在80年代（以至也可以说直至今天），乐黛云更重视的，既不是陷于孤独悲凉的鲁迅，也不是一个时候构造的全身心投身政党政治革命的鲁迅。她推重的，是写作《文化偏至论》、《摩罗诗力说》、《破恶声论》的早期鲁迅。乐黛云说：“他的‘掊物质，张灵明，任个人，排众数’的社会主张，他对‘外之既不后于世界之思潮，内之仍弗失固有之血脉，取今复古，别立新宗’的学术理想，他的不满足于现实层面而超越于现世的终极精神追求，可以说都是我后来学术生涯的起点。”[2] 乐黛云高度评价的，恰恰是鲁迅对“超然无事地逍遥”的否弃；热爱的是那“被风沙打击得粗暴”的“人的魂灵”，是既吸取外来文化的“野蛮精悍”的新鲜血液，也总是中国文化传统精髓（包括百草园、无常女吊等“小传统”），作为文化更新资源的鲁迅。乐黛云大概不会将希望放置于“另一个世界”，也不认为过度强调鲁迅的孤独悲凉就一定提升了其思想深度和历史价值。她爱的还是那个“启蒙者”鲁迅，那个将“个性主义”作为生命内核，而将“人道主义”作为历史责任的鲁迅。她虽然承认个人命运受到摆布控制，但对于历史、未来仍抱有坚定信心，确信鲁迅的“世事反复，时事迁流，终乃屹然更兴，蒸蒸以至今日”（《文化偏至论》）的世界观。

“野蛮精悍之血”

80年代中后期，文学界对“现代派热”的实验成果的评价发生

---

〔1〕《中国现代思想史论》，第115—116页。

〔2〕参见《我就是我》，第58—68页。

过争论。“我们的”现代派是“真的”还是“假的”？什么是“真正的”现代派？中国为什么不能出现“真正的”现代派？“真”、“伪”的说法能否成立？诸如此类。1988年我在《文艺报》上读到的季红真的长篇论文，就是从历史、现实处境、文化传统等方面，比较中西“现代派”作品的本质性（哲学的）区别。针对这一论争，这一年年初，黄子平在《北京文学》发表了《关于“伪现代派”及其批评》的文章。那时，黄子平还在北大中文系任教，他把刊有这篇文章的杂志分送一些老师。一次系里开会遇到乐黛云，问我：“觉得子平的文章怎么样？”我想，这个缠绕不清的问题，经他在中西、古今等关系的层面上讲得这么清楚，也揭示了论争中问题的症结，便很表示赞赏。但乐黛云没有同意我的赞赏，她疑惑地说，“这个时候强调规范，有点早了”，又再次重复，“现在不是强调规范的时候……”

我从没有想到这篇文章和“规范”的问题有什么联系（这个词在中国学术界成为时髦的关键词，要到90年代初），也就不能接过乐黛云的话头。但我还是努力去想这里面究竟有什么关系。她可能是认为，对一个纷纭复杂、探索尚有多种已知或未知的可能的事情，就进行条分缕析、层次分明的归纳整理，事实上有一种做出明确价值判断，“规范”方向、道路，试图阻止事情的“无序”状态的意图。我又推想，她的议论，可能也不止针对这篇文章，担心的是“过早”的“规范”会成为主导性潮流，阻滞了刚刚展开的活跃的探索。在她看来，“无序”不是任何时候都具有负面意义，而作为矫正力量的“反思”行为，也不都一概值得肯定。也就是说，在那个时候，面向世界、勇于吸收而出现的新事物，虽然还“不曾扎根”，也“尚未定型”，具有容易招致批评的那种“表面性和流动性”，但对待它们，其实是更应该持珍惜、支持的态度。

这是否是乐黛云当时的想法，我不得而知，后来也没有问过她。

不过，90年代初读了她的《文化更新的探索者——陈寅恪》[1]一文，似乎可以间接地证实我的推想。八九十年代之交，学术界出现让人印象深刻的分化。正如乐黛云所说，一些人自觉转向“边缘”，他们批判了传统知识分子以天下为己任的“白日梦”，提倡学术的绝对“学院化”而远离政治；一些人强调了资料第一的那种学术规范；另一些人则下“海”准备在商场中“作一番遨游”。[2]在这样的情势中，“国学热”兴起，而对陈寅恪的重新评价是“国学热”中的一大热点。这个期间，乐黛云的思想观点不可避免也发生了调整。如80年代末她在重新阅读20世纪初《学衡》等的史料之后，重新思考“保守主义”的历史功过。与“当代”对《学衡》，对文化保守主义派别全盘否定不同，她认为当年的保守主义、自由主义、激进主义等思想流派，都“存在于一个框架”，“他们之间的张力和搏击正是推动历史前进的契机”。她对自身学术思想的这种调整，其结果是逐渐“和过去支配我的、趋向于激进的泛情主义决裂，也就是和曾经禁锢我的某种意识形态决裂”，而“能够更全面、更冷静地看待历史的方方面面”。[3]不过，这种调整、反思，并没有导致她无保留地认同当时悄然发生，随后盛极一时，并为“后殖民主义”论述所支持的“国学热”。在引述了陈寅恪的话（“李唐一族之所以崛兴，盖取塞外野蛮精悍之血，注入中原文化颓废之躯，旧染既出，新机重启，扩大恢张，遂能别创空前之世局”）之后，乐黛云指出，把陈寅恪看做是“中国文化之传承者、固守者、史料集成者”是远远不够的，“不能涵盖先生之学术襟怀、伟大一生”，“甚且未得先生之真精神”；陈的“真精神”，他的治学的出发点，是寻求民族文化摆脱衰颓困境之路，是如何以“外来的血”改造旧的躯体，“重启新机”。

---

〔1〕《北京大学学报》1991年第4期。

〔2〕《我就是我》，第211—212页。

〔3〕同上书，第203—204页。

所以，她将陈寅恪定位为“文化更新的探索者”。

在乐黛云那里，“走向世界”、“勇于吸收”，一直都是一个坚定的、重要的命题。她显然同意闻一多40年代在《文学的历史动向》中的观点：一种文化的“本土形式”，在经历花开极盛到衰谢的必然过程中，需要“新的种子从外面来到，给你一个再生的机会”。闻一多说，世界上那些勇于“予”、怯于“受”的文化都没落了，只有中国是“勇于‘予’而不太怯于‘受’的，所以还是自己文化的主人”。从这样的理解出发，乐黛云强调，在中西文化交汇的过程中，“误读”几乎是必然的。她说，互相理解本身就是一个过程；况且我们也不能要求西方人像中国人那样理解中国文化，反之亦然。历史上，如伏尔泰、莱布尼兹、庞德、布莱希特等都从中国文化中得到灵感并发展出新的体系，他们对中国文化的理解也不见得就那样准确、全面、深入；为什么当我们的年青人从西方理论得到一点启发而尝试运用时，就要受到那样的求全责备呢？[1]

这也许可以看做是乐黛云对真、伪现代派论争所间接发表的意见。在吸取、试验刚刚开始，成果有限的时候，就急迫为看来纷乱的事物设限，强调在原来秩序上的各归其位，在她看来，大概是“怯于‘受’”的一种表现。乐黛云80年代以来的学术贡献，最主要当是在比较文学领域。比起“影响研究”来，她似乎更重视那种主题、文类和跨学科方面的“平行研究”。这基于她这样的信念，人类具有超越时空的思想、情感、心理状态共同性。80年代中期“方法热”的时候，曾经有过对“耗散结构”、对“熵”的急速升温，但在大多数人还不明究竟时就骤然冷却的谈论。时至今日，像乐黛云这样对这一谈论仍持有积极评价的，恐怕已经不多。在她的内心，存有挣扎着反抗社会运作统一化的“反熵”的责任承担。“反熵”的责

〔1〕《我就是我》，第157—158页。

任所面对的，不仅有突破隔离封闭体系，将文学，进而将人的生命引向开放、动态、发展状态的急迫，也有在“全球化”情境中抵抗另一种性质的统一、复制、同质化的危险。事物的瓦解衰竭，和趋向于最后的同质与死寂，都是她所忧虑的人类前景。

在80年代，乐黛云也许更重视外来观念、学说、方法的引进，以激活中国当代僵化、板结的文化、学术状态。到了90年代，她意识到人类真正实现各民族文化平等对话、多元发展这一她理想的境界，存在诸多阻力，并不是当初预想的那么乐观。她看到这一百年的世界文化史，“几乎就是以欧洲为中心，歧视、压制他种文化……的历史”，但也认识到抛弃西方中心论虽是必要，却也非易事。而且，在乐黛云看来，试图以另一种中心论来取代西方中心论，以某些非西方经典来代替西方经典，都有害于世界文化发展，“只能是过去西方中心论话语模式的不断重复”；这也是她90年代以来，在认同彰显本民族文化重要性的前提下，坚定质疑、批评那种“封闭、孤立、倒退的文化孤立主义”的潮流的原因。她极有见地地指出，根本不存在一种“原汁原味”的，“未受任何外来影响”的，“以本土话语阐述”的“本土文化”。她指出，“文化孤立主义常常混迹于后殖民主义的文化身份研究”，但它们之间有根本不同，前者不过是无顾历史和现实，在封闭环境中虚构自己的“文化原貌”。这只能导致文化的停滞、衰微。

基于她的批判精神，也基于她的乐观的理想主义的性格，乐黛云提出有关人类文化精神、文化生态前景的设计，她称之为“新的人文精神”。所谓“新”，就是它不是固定、一成不变的“原则”，不是少数人建构以强加于他人，不是少数“先觉者”去“启”“后觉者”、“不觉者”之“蒙”，不是白璧德的“新人文主义”。乐黛云的“新的人文精神”，强调把人当做人看待，反对一切使人异化为他物的因素；强调关心他人和社会的幸福，关怀人类发展和未来；

接受科学带来的方便舒适，但警惕科学可能对人类造成的毁灭性灾难；赞成对权威、中心消解的解放的思维方式，也试图弥补由此带来的零碎化、平面化和离散的消极因素。而实现新的人文精神的主要途径是“沟通和理解”：在人与人、科学与人文、学科与学科、文化与文化的沟通、对话、理解中，“互为主观”，建立“最基本的共识”……[1]

乐黛云描述的，可能也是我所憧憬的。不过在我看来，那大概是一种“乌托邦精神”，虽动人，富于魅力，却有点缥缈。但乐黛云却坚信不疑，并一直为向这一境界的推进，不避繁难地做出自己的努力。这正是她的可爱，也是她的可敬之处。

“我就是我”

托多洛夫曾经讲到他在英国与别人的两次会面，一次是与亚瑟·柯斯特勒，另一次是与伊萨亚·柏林（也译为以赛亚·伯林）；与托多洛夫一样，他们都是从社会主义的“东欧”移居西方的作家、学者。托多洛夫原先认为，他和柯斯特勒这样的同一代人具有的同样立场，“是由宿命论和麻木不仁造就的”。但从柯斯特勒那里他得到“反证”，柯斯特勒沉稳自信，“他并没有接受宿命论的思想”。在牛津大学，柏林在听了托多洛夫谈亨利·詹姆斯小说叙述的结构分析的讲座之后，对托多洛夫说：“不错……可您为什么不去研究十九世纪的虚无主义和自由主义呢？”托多洛夫说，从这两件事他听到了批评和鞭策。“这两个人都同我一样，生活在异国他乡，接受着异域的文化，可他们却知道怎样生活在个人的相异性之中”；“柏林先生告诉我说，文学不是唯结构的，它是由观念和历史组成的；我又从柯斯特勒那儿知道，放弃自由的主张是没有什么

〔1〕参见《乐黛云教授学术叙录》第27—35页，北京大学二十世纪中国文化研究中心，2004年。

‘客观’理由的”。[1]

托多洛夫讲述这些事情，是为了阐述他提出的“对话批评”，讨论在对自己的精神轨迹进行反思的时候，怎样通过别人的言语来了解自己。如果我们把“对话批评”暂且放在一边的话，那么，也可以看做是对怎样“保持着自我的自我”的提示。从一种“别人”的观察角度，托多洛夫将之概括为“他就是他”；作为自我陈述，乐黛云的说法是“我就是我”——这是她为自己的自传起的名字。在80年代，以“代际”来区分20世纪知识分子是流行的方法。李泽厚在《二十世纪中国文艺一瞥》中，就用“转换预告”、“开放心灵”、“创造模式”、“走进农村”、“接受模式”和“多元取向”，来区分、描画20世纪六代（或六个时期）知识分子的基本特征。按照这一区分，乐黛云当属“接受模式”的那一代（当然，她也生活在“多元取向”的时期里）。“接受”在李泽厚这里，应该是个动词，而不是定语；也就是说，那一代是缺乏创造力的，接受统一“模式”的一代。这种区分，这种代际的特征描述，自然也可以说是合乎实际的。不过，正如托多洛夫指出的，它不能概括一切；总会有一些人虽困难，但也有效地突破这一模式。乐黛云呈现的，正是这样的形象。她知道怎样生活在个人的相异性之中。在“接受模式”的时代，她努力抵抗着“同质”文化的混淆，而在“多元取向”（实质上是另一种“同质化”）的时期，则抵抗着涌动的强大潮流的同化力量。

和乐黛云谈话，听她讲课，读她的书和文章，一个突出印象是，她是个自然、自信的人。自然、自信，就是不做作，就是较少“面具意识”（并非贬义含义上使用），就是率直坦诚，就是她自己说的“情绪型、易冲动、不善计谋”，就是不左右摇摆，见风转舵。就是在风云变幻、眼花缭乱的时势中，努力坚持自己独立的判断，不苟

---

[1] 托多洛夫：《批评的批评》，北京：三联书店，1988年，第170—171页。

且，也不阿世媚俗。就是保有开放、批评，但也包容、非排他性的心态。她的讲课和日常的谈话并没有很大的区别。她的文字是真实心声的表达。有时候你甚至觉得她并不怎样讲究“修辞”，卖弄“关子”，虽然她完全有能力这样做。在这些年来，我亲眼多次见识她面对重要事变时的沉着勇敢。她的言行，证明了她十多年前这样的一段话的可信：

> ……我似乎还有可能返老还童，从头开始。然而，即使一切再来一次，在所有关键时刻，我会作别的选择吗？我会走相反的方向吗？我会变成另一个人吗？我想不会，所谓“江山易改，本性难移”。总而言之，我就是我，我还是我！历史无悔！这历史属于我自己。[1]

2008年8月

〔1〕《我就是我》，第244页。乐黛云的这部自传写完于1994年5月。

谢冕教授的书斋和童话

孙绍振

谢冕教授家的书迅猛地膨胀。当我来到他那显得窒息的书房的时候，不由得笑了起来。向来号称整齐的谢冕连过道里都堆着高及胸口的杂志，而他那书房则成了书堆的峡谷，我只能像海底的鱼一样侧着身子进去。

就在前不久，我听说，他宣布拒绝买书了。这究竟是幽默还是愤激，我没有细想。倒是想起来他在香港的报纸上的文章，说是他需要一个书斋。当时我正在香港，觉得很是奇怪。内地的教授固然比较贫寒，但是北京大学中文系的教授多多少少有一点例外。因为他们得天独厚地可以轮流到日本或者澳门大学讲学。只要出去一两年，就有足够钱买下一套比较像样的房子。又听说，有一次，北大中文系已经安排他去澳门大学当系主任了。可是人们说，谢冕觉得这么长的时间，离开内地的诗坛，是不负责任的。那时，正好他的弟子张颐武先生在我那里，我就对他说，这个人真是个书呆子。一边叫着要一个书斋，一边又不肯出访。张颐武先生说："为这个事，谢老师还认真考虑了两天两夜。"我说："活该，谁让他傻乎乎！"

这次要到北京参加一个博士论文的答辩会，顺便就去谢冕家里去玩玩。看到他那越发变得狭小的书房，不由得嘲笑他的糊涂。既然要书房，就该去日本或者澳门一行。考虑什么在国内的影响，又不是毛泽东，当年他组织别人去法国勤工俭学，他自己却不去，说是中国的事情还没有弄清楚，暂时不去外国。

他哈哈大笑，说："谢冕真是太重要了，中国简直一天都离不开他。"听这口气我才感到传言有误。便把张颐武先生如何说的，告诉了他。他更是大笑不已，说："这简直是一个童话，绝妙的童话。"

在北京大学中文系，教授不说，就是年青的副教授都已经有百分之七八十都去过日本、澳门等地，有的已经去了两次。从来也没有任何一个人来和他商量过出访。谢冕夫人是我们当年的同学，她也笑着说，前几天倒是有一个北大中文系的老师向系里领导打了个电话，说是除了他和谢冕以外大都出去当过教授了。我听了不由得愤慨起来，谢冕却哈哈大笑。对于这件谁也说不清的事，当中的阴差阳错，他显得相当超然。看他的神态，好像说的完全不是他的事，而是别人的事。

他似乎并不为空间的狭窄而过分烦恼，也许那些书们，都是他亲密的朋友或者臣民，早已和他一样乐天知命了。这使他引以为自豪，但是他最为自豪的倒并不是他相依为命的书而是他养在三只笼子中的六只小鸟。他兴致勃勃地告诉我，每一只小鸟都有一个"故事"。我知道他不管什么鸡毛蒜皮的事，永远都是兴致勃勃，永远着迷，完全不像个六十多岁的权威教授。我顾不上去听他的"鸟故事"。那些被他当做珍禽的鸟们，虽然羽毛上有颇为可观的花纹，我却一眼看出来，不过是花鸟市场上，十块钱就可以买到一只的虎皮鹦鹉。其叫声以粗粝为特点，却一个个不识相，聒噪不已。我故意扫他的兴，说，这些虽然好看的鸟说起话来，老是像你一样兴奋，令我想起来阁下年青时那个雅号——鸭子。他就跑到鸟笼面前对着那些鸟们大声呵斥："你看看，客人都怪罪了，你们还吵个没完！"说着把其中吵得最凶的一只轻轻地捉起来，抚弄一番，还一定要我也摸摸它的头。我不好扫他的兴，只好照他的吩咐敷衍一番。

他越发兴奋地说起鸟的故事来：其中一只是个花花公子，硬是把一只路过的妙龄小鸟勾引了进来。他说了那只鸟的样子和颜色，我只好装着记住了的样子。另一只鸟的传奇是，有一点特异功能，能把门栅用嘴巴提起来。有一次就这么自由散漫地溜掉了，停在门前的树上，他用笼子去引，它岿然不动。等到他靠近一点时，它就飞得更高。这时，黄昏降临，谢冕的心都碎了，这只负心的鸟却绝情地飞走了。谢冕知道，它这一飞，就意味着死亡。因为家养的鸟是没有觅食的能力的，用不了多久，就会饿死。望着那消失的鸟影，谢冕体验到了一场真正的生离死别。当夜风雨大作，为失去的鸟的忧伤之情，使得他和夫人一夜无话可说。第二天，夫人仍然不死心，说是出去看看，谢冕反正不抱希望，也就由她去了。

谢冕先生与学生在一起

没想到不久以后，夫人惊喜地大叫而回。手中捧着的正是那只丢失的小冤家。原来夫人走出去以后不久就听到一声熟悉的鸟叫。循声找寻了一番，在一株小树底下，正是他们家丢失的那个冤家。

我说这是因为它的羽毛淋湿了，不能飞了，而谢冕却说，鸟的羽毛是不会淋湿的，是它调皮地在等待夫人去找它。

这可真是童话了。

谢冕又一次把鸟拿出来让我抚摸的时候，显然进入了童话的境界。现实世界的住房的狭窄，早已消失得无影无踪。什么是他的感觉，什么是童话的幻想，早已分不清楚了。

我想起了已故的中国作家协会常务副主席鲍昌先生的一句话：“谢冕永远是个儿童团长。”

但是，这只是他的一个方面，在另一个方面，他又怀着深深的忧思。他为新诗当前陷入对西方现代和后现代派的幼稚模仿而感到十分忧虑。他告诉我，他已经写了一篇《新诗已经离我们远去》表达他对于新诗失去了使命感感到忧虑。这一文字将在《诗刊》上发表出来。我说，我早有这种感觉了。我也为《星星》诗刊写了意思差不多同样的一段话。临别时，我们紧紧地握手。

这时，我第一次非常明晰地感到，在他的心灵中跳动着两根弦：一根弹奏着充满了孩子气的童话色彩的变奏，而另一根上奏响着的则是充满了使命感的、成熟的学者的深思熟虑的主题。

给“书虫”当夫人

卢晓蓉

“书虫”这一雅号是我母亲送给我先生的。因其名副其实，而令全家人叫绝。先生受此殊荣，只是莞尔一笑，并无推卸之意。

说是“书虫”，自然与书有缘。先生从事高校教学与研究逾卅五载，家中藏书少说也有两三万册。他毫无例外地统统视之为珍宝，宁可自己“居无室”，也决不轻易扔掉书。当我们还住在校外旧居时，已是书满为“患”。一间不大的客厅兼书房，几乎都让位于书；除了书架上座无虚席之外，窗台上、墙角里、餐桌上、椅子上都无“空”不入地堆着书。一日三餐，我们不得不屈尊就着茶几“打游击”。本来就不大的写字台上也东一堆、西一堆地放满了书。偶尔露出十六开纸那么大一方台面，可以放先生的稿纸，可转瞬又被书淹没。天长日久下来，先生竟也学会了趴在书堆上写书的本领。我想看电视，却连个坐处都没有——唯一的沙发上也放满了一捆捆刚刚收到的、还来不及启封的书报杂志。于是我家有电而无视久矣。

好不容易盼到迁移新居，我连新带旧安放了七个“顶天立地”的大书柜，外加居室自带的几个壁柜，才算把流落四方的“旧部”都给收编了进去，确切地说，是给硬塞了进去。搬家那一天，过路人还以为是搬图书馆，故而时不时有人上前打听。为庆祝乔迁之喜，我特地给先生买了一张大得不能再大的写字台。望着那宽大而光亮的桌面，想着日后他总算有个宽松、舒适的读书写字之地，我将搬家的劳累一古脑儿抛到了九霄云外。

然而，好景不长。书桌上不知不觉之间又开始长出高高矮矮的“书笋”来。光洁的台面不久又被书稿覆盖。喝水的茶杯被挤得没地方放，只好放在几步之外的茶几上。见此“惨”状，我实在目不忍睹。一日趁他外出不在家，我花了整整两个小时替他整理了写字台，自以为办成了一件好事。殊不知，非但没有得到他的表扬，反而遭来一连串的唉声叹气——我打乱了他读书写文章的秩序，他得花上三天时间才能找回自己。那晚，他正伏案夜读，突然起身推门出去找水喝。可茶杯明明就放在他的右手边，不过咫尺之遥，他却以为还在茶几上。回头望见茶几上没有，自然就去别的房间找。待他转身回来瞧见书桌上的茶杯便自嘲道：“看来还是意识先于存在。”见此问题已上升到哲学的高度，我便从此不敢再替他整理写字台。

先生的藏书不仅耗尽了他大半生的积蓄，也耗去了他大半生的时间。从日出到日落，从周一到周七，从春夏到秋冬，只要他在家，除了吃饭、睡觉，便可以不挪窝儿地“陷”在我给他买的一把高靠背黑皮“大班”椅内，读他那些读不完的书。那境界正是不闻其声，也未见其人。母亲关于“书虫”的灵感大抵由此而来。即使是出门在外，甚至于乘飞机、轮船、火车、汽车，他手上绝对不会没有书。有一次，他与几位同道乘火车去外地开会，我买了些干粮、饮料，外加一副扑克牌给他带上，供他们一路消遣之用。出差回来他连声向我道谢。原来他一上车，便把扑克给送了出去。同伴们有事做了，他便可以不受干扰地读书了。难怪当时同行的一位朋友告诉我：火车上大家曾议论，如果要评选读书冠军，非我先生莫属。可是他自己却不止一次地说，他最苦恼的事就是没有时间读书。

我曾经问过我先生，是否知道如今商海大潮汹涌澎湃，读书人地位日渐低下。他抬头望了望我，一如既往慢条斯理地说：“知道，怎么不知道。我从来不赶潮流。”说完，仍埋头读书，俨然一副“两

严家炎、卢晓蓉 2005 年 6 月摄于广东从化

耳不闻窗外事，一心只读圣贤书"状。

由于先生有了书便有了一切，我们几乎很少有看电影、逛商店，甚至散散步的时候。我偶有这样的建议，他总是抱歉地说："实在对不起，我的事太多了，还有许多书没有读呢！"我深知他的话里还有话："我们这一代起码被耽误了十五到二十年，只有拼命赶才行。"比起那些可以挽着丈夫的胳膊出入于酒店、饭馆、电影院、卡拉 OK 厅的商界朋友来，我仿佛有些失落。但有一点，我心里是笃定的：这位仁兄绝不会有外遇，因为他有书。书不但意味着他的事业，而且书中重然诺守诚信以及对祖国、人民、亲人忠贞不渝的道德规范早已深入他的灵魂，化作他的人格。为了节省一切时间来读书，他甚至反对我装修新居。其理由是：装修好了，就得花时间去打扫和维护，"这时间花得太不值"，末了还引经据典道："这就叫做'不为物役'。"我无可奈何地回敬："但为书痴。"

先生常读的书多是与文学、历史、哲学、文化相关的名作新著。

有过去的书、现在的书，也有将来的书——博士论文；有与他所讲的课或所研究的课题有关的书，也有四面八方的老朋新辈寄来请他写序言、写评语、写推荐信的书。无论读谁写的书，他都一视同仁，一丝不苟。我听说过一则传闻：什么文章到我先生那里，如果是打了句号，就基本没问题了。此话难免有些夸张，但他治学的态度由此可见一斑。先生平时在家吃面条可以不放油盐酱醋——这在我们这个以四川人为主体的家庭中堪称一绝——也许正是因为这些书抢了他的口味。他读书还有个习惯，就是爱发些感想和作些评论；只见桌上那些大大小小“废物利用”的纸头上，写满了密密麻麻、勾勾画画的蝇头小字。每当他“吃”完一堆又一堆的书后，这样的纸头便多了起来。先生就俯首在案，一笔一划，工工整整地把那些只有他才看得懂的符号整理成笔记。而原本已被先生“啃”光的桌面，渐渐地又长出了一根根新的“书笋”。

先生读书破万卷，但印成铅字的论著并不很多，与那些著作等身的学者相比，他算不上高产作家。我常常嗔怪他动作太慢，可每当我看到那些誊写得工整隽秀，没有一个污点的手稿；读到那些像极了他的人品的质朴自然、不容置疑的文字时，我不能不心悦诚服。先生既不风流倜傥，也不英俊潇洒，当初吸引了我，使我心甘情愿以身相许的正是他写的那些举世无双的情书。现在我常常是他的文章的第一读者。他总是谦虚地说想听听我的意见。于是，关于他的或者别人的作品的讨论便成了我们之间最主要的交流。我话多，他言寡。有时我也会不经意地把自己在工作中的酸甜苦辣说给他听，他总是聚精会神地听着，很少插嘴，只是在重要问题上才发表些意见。起初我奇怪他何以那样吝于言辞，后来才悟出其中的道理：他准是把我念叨的一切也当成书给“吃”了下去。而我则在向他的倾诉之中审视了自己，赢得了自信。

追寻美的人生之旅

何　杰

默默耕耘　开拓创新

我是段宝林教授的民间文学研究生，他让我们自学为主，埋头苦干，独立思考。

身教重于言教，他的行动是对我们的最好教育。

他在两年中给我们系统讲授了六七门民间文艺学方面的专业课，都是前人从未讲过的新课，从原始资料搞起，建立体系，写出讲稿，要费多少创造性的劳动啊！

他每年都带我们和大学生到外地进行田野作业，常常去到很远的地方进行民间文学和民俗调查。长途跋涉，上山下乡，带队非常辛苦，但是他不但不以为苦，而且以苦为乐，一定要带我们到最艰苦的地方去工作。

有一年我们到大兴安岭地区鄂伦春旗（旗，相当于县）调查民俗和民间文学，当地干部说鄂伦春定居点在大森林之中，有些人爱喝酒，发起酒疯来会动刀动枪，很危险，但是段老师坚持说“不入虎穴焉得虎子”，既然来了就一定要进入大森林。这种精神感动了当地干部，最终还是派人带领我们到鄂伦春定居点进行了调查。

我们在猎民家中调查到真正的、正在消失的鄂伦春传统民俗。然后，从鄂伦春旗又走了很远的路，到黑龙江省的十八家进行调查，拍摄了鄂伦春桦皮船的整个制作过程。又去鄂温克地区的大森林中，去考察仙人柱，了解驯鹿的饲养和采鹿茸的全过程。最后还跑到中国最北的漠河县，一路上看到大兴安岭火灾的遗迹，体验到夏天的漠河中午也相当炎热。我们还顺路到呼伦贝尔草原的呼伦湖和贝尔湖边的蒙古和哈萨克家庭，听了许多特别优美的民歌。在火车上，段老师也不闲着，同旅客们亲切交谈，亲如一家，听到许多有趣的事。如一些家庭中常常有几个民族的人，有一位 30 多岁的女子自豪地说她的家庭中就有蒙古族、汉族、鄂伦春、赫哲族、锡伯族共五个民族。于此可见，这里的民族关系是多么和谐。

段老师的辛勤和刻苦精神是非常突出的，他的教学和科研成果都很多，被温儒敏教授戏称为“得奖专业户”。温儒敏教授还在一封信中说段老师“是北大中文系的光荣”。他埋头苦干，默默耕耘，洪子诚教授说他“与世无争”，但是他却屡屡获得大奖。

1996 年 1 月 8 日，瑞果里教授（Prof. A. Rigoli）从地中海畔致函北京大学中文系教授段宝林，告知意大利人类学国际中心将该年度人类学研究“彼得奖”（Premio Pite）授予他的《中国民间文学概要》，并邀请他到意大利领奖并访问。

“彼得奖”是人类学研究中的一个大奖，授予国际上民俗学领域的一流杰出学者，如苏联科学院院士梅列金斯基，美国民俗学会主席、世界著名民俗学家阿兰·邓迪斯，这次段宝林教授的获奖是此奖第一次授予中国学者。

2009 年北大图书馆曾经组织北大最著名的教授们提自己受影响最大的五本书，东方学院的张玉安教授所提的第三本书，就是《中国民间文学概要》，同时说明段先生所提出的立体思维之重要。

此书和许多经典名著一起并列出来，说明它的质量已相当高了，但是，段老师还是不停地对它加以补充、修改，在 1985 年的第二版之后，2002 年又出了第三版，2009 年又出了增订第四版。近三十年来，不断增改，这种精益求精的精神是令人感动的。

北京大学是中国民间文学和民俗学研究的发祥地，自 1918 年蔡元培在《北大日刊》上发表校长启事征集近世歌谣，后来又出版《歌谣周刊》算起，中国民俗学已有九十年历史。作为北大中文系教授，秉承北大源远流长的民俗学传统，段宝林老师自 1960 年在北京大学始讲民间文学以来，在浩浩乎广袤的民间文学民俗学原野尽心尽力耕耘了近四十个春夏秋冬，为中国民间文艺学和民俗学的研究做出了重要贡献。作为杰出的中国民间文艺学家、民俗学家，段宝林教授在北大的民俗学传统中有着承前启后的地位。

他曾经发起组织北大民俗学会，1983 年带领北大民俗学会编辑出版了《中国地方志民俗资料汇编》十大本、《世界民俗大观》一厚册，并发动全国各民族诗学专家和语言学家研究出版了《民间诗律》、《中外民间诗律》、《古今民间诗律》三本书，把 56 个民族的几

1982 年 12 月 22 日段宝林先生在《北京大学歌谣周刊》六十周年纪念会上

百种诗歌格律形式都做了很好的研究。这一开拓性的工作，得到王力、冯至、周祖谟、季羡林、臧克家、公刘、吴小如等学术大师和诗人的热烈支持和很高评价，并获得中国少数民族文学学会首次学术评奖之“最佳著作奖”。

他的专著《笑话——人间的喜剧艺术》（原名《笑话美学》），对西方喜剧美学进行了重大补充，在1984年召开的国际民间叙事研究会的学术大会上，受到学会主席劳里·杭科的高度重视，认为东方学者提出了重要的不同意见，西方学者要多动脑筋才好，打破了“西方中心论”。此书后来荣获中国民间文艺家协会、中国文联首次评奖的最高奖——“山花奖”理论著作奖一等奖（国家级）。

2007年、2009年，段老师又以突出的成就获得两次“山花奖”的“成就奖”，这是和“梅花奖”一样的国家级大奖。

他与江溶共同主编的《中国山水文化大观》，已在北京大学出版社出版，内容极其丰富，广受欢迎，并获得北京大学505中国文化奖。经过几年努力奋斗，此书现已增加图片和新的内容，改名《山水中国》，分为20册，由北京大学出版社出版。

他的论文集《立体文学论》于1997年在台湾文津出版社、2007年又补充内容在北京高等教育出版社出版发行。他在书中提出了许许多多新的理论观点，有的使中国民间文艺研究会副主席姜彬先生感到“振聋发聩”。由此可见他的创新是多么重要，其中许多是关于民间文学基本理论的重大创新。最近刚在大众文艺出版社出版的文集《民间文艺与立体思维》，共70万字，收入更多的文章，他在序言中总结了自己的众多创新成果。

2007年美国俄亥俄州立大学研究中国民间文学的马克教授等人在日本的英文刊物《亚洲研究》上，发表对段老师《中国民间文学概要》、《中国民间文艺学》两本教材的评论，评价很高。其实，1981年1月，当《中国民间文学概要》刚刚出版时，就受到季羡林先生的很高评价，出口800本，乐黛云老师在美国见到后，也专门写了书评加以介绍和肯定。1983年，意大利一个大学给他来信，请他以此书参加评奖，他当时不理解评奖为什么要自己申报，又怕自己外语不好，出国困难，就没有回信，失去了获奖的机会。直到1996年才参加评奖，当即获得了意大利巴勒莫人类学国际中心的大奖“彼得奖”。那时他正在澳门大学教书，《澳门日报》作了大字报道，还登了记者拍的照片，结果连超市的守门人员看了报纸，也认识这位获得国际大奖的教授了。

他于1995年秋至1997年夏，受北大派遣到澳门大学授课两年，在“民歌与新诗”、“乡土文学”、“写作”等课中，指导学生进行采风，教他们学会调查访问、忠实记录口头文学和民俗事项，使学生的写作能力得到极大提高。原来学生一般只能写500字的文章，在采风之后，竟能写到1000多字，有的还写了一两万字。他自己呢，也获得了许许多多澳门民间文学作品和民俗资料，带回了两大箱之

1997年段宝林先生在意大利领“彼得奖”

多。他还与澳大利亚民间文学家谭达先博士合作，编选《澳门民间故事集》、《澳门儿歌谣谚集》，填补了中华民间文学一个领域的空白！谭博士曾经在香港等地调查过澳门民间文学，结果一无所获，以为澳门没有民间文学。真没想到段老师发动澳门大学的学生收集到好几百篇，真是大吃一惊。在澳门，他冒着酷暑进行民俗考察，发现许多传统民俗比内地保存得还好。

后来，段老师又指导帮助他的研究生胡国年、禤伟旗主编出版了《中华民俗大典·澳门卷》，厚厚的100万字一大本，这是澳门历史上破天荒的大事，在人民大会堂召开了隆重的首发式，受到全国许多专家学者和有关领导的高度评价。段先生就是这部35卷本的《中华民俗大典》的第一总主编。

目前，由他和过伟、白庚胜联合主编的卷帙浩繁，囊括全国56个民族、30多个省市自治区含港澳台及海外华人卷的中国民俗全书35卷本《中华民俗大典》（原名《中国民俗大全》），已有18卷杀青，年底可望出版一大半，如果能得到国家有关部门的支持，这一伟大的文化工程将两三年内与读者见面。这是对中华各民族民俗几千年来的第一次普查记录的资料汇集，是《永乐大典》、《四库全书》中所欠缺的，是极其重要的填补空白之作。

作为第一总主编，从1994年以来十多年的艰难困苦，真是难于计数。他说，最困难的还不在编写（在组织编写的工作中，有总主编和副总主编过伟、白庚胜、周星、刘铁梁、高丙中、万建中等人的共同努力，比较顺利），而在于没有经费，出版困难。因为项目太大，有三四千万字，出版社老板怕赔钱，只好换了三四个出版社，跑文化部等部门申请出版经费，不知写了多少信。如果没有对人类文化的高度责任心和对人民事业的热爱，是不可能从60岁，一直坚持到76岁的吧！

持之以恒　成就斐然

段宝林先生具有可贵的治学精神。首先是他的持续不懈的坚持精神。60年代那特定的历史时期，民间文学课的“下马风”也很强劲。段老师以他特有的优势（参过军的“年青革命者”的初生牛犊之气，文学史教研室秘书的职务，杨晦、林庚、王瑶等有影响的教授对民间文学教学的支持），仍将民间文学课程列入教学计划，别人不上自己上。系领导要求发讲义，就边教边写，在王瑶先生指导下，印了三次，王瑶先生认为可以给出版社看看了。但因十年动乱无奈未能出版。

1965—1966年，段老师还指导苏联副博士李福清写博士论文《三国演义与中国民间传统》，从选题到资料、从写法到观点，都进行了认真的指导，此书已在上海古籍出版社出版，被研究苏联民间文学理论的专家马昌仪教授评价为李福清众多专著中水平最高者。李福清后来成为苏联科学院通讯院士，成就很大。

十几年后，1979年的北京师范大学全国民间文学教师培训班上，民间文学泰斗钟敬文教授说，当时全国许多大学（含北师大）民间文学课都下马了，“我50年代培养的那么多研究生都改行了，只有北大段宝林同志坚持讲民间文学课，1960—1966年七年连续讲了七次，我也没有讲过那么多次，他坚持民间文学教育，有‘张志新精神’，我们教民间文学的同志都要学习他，做个铁杆民间文学教师”。

“文革”十年浩劫（1966—1976）是学术界严酷的寒冬，他却十年埋头苦读，从西方古典作家的传记、作品、书信中记下不少重要文字，“文革”后编成《西方古典作家谈文学创作》（50万字），为写作《民间文学在文学史上的地位与作用》一文和提出“雅俗结合律”理论，打下坚实的基础。当时茅盾先生在信中对段老师的坚持和努力表示敬佩。

改革开放以后，迎来学术的阳春，段老师更是不断到各地调查，足迹布及20多个省区和五大洲30个国家。他持续为本科生进而为研究生授课凡20门课程：民间文学、民俗学、中国民俗文化、歌谣学、故事学、民间长诗学、古典文论、汉语、写作、文学导论、民歌与新诗、乡土文学、俗文学、民间文学调查，涉及范围极为广泛，非持续进取者不能为之。

这些年，他不断有新作问世，不断有新观点向学术界提出。1983年邀约过伟教授合作组织编写《民间诗律》，和50多位学者共同努力，持续奋斗五年，于1987年出版。紧接着他又邀约编辑第二集，和另外60多位学者合作，又持续奋斗四年，1991年出版《中外民间诗律》。过先生认为这一任务完成了，他却提出还要编第三集，说：第一、第二集55个少数民族民歌格律均已介绍，这是一大成就，但是汉族各省民歌格律尚未全部介绍，中国历代民歌格律有待发掘，更需继续研究介绍世界上主要国家、主要语种的民歌格律。过先生被他说服了，于是又和别的30多位学者合作，编成《古今民间诗律》，1999年才出版。他在工作中，根据需要连续撰写了《民间文学与作家文学的结合律》、《民间诗律的探索》、《论民歌的体式与诗律》、《比较诗律学刍议》、《中古民间诗律》、《北京民间诗律的立体研究》等论文和序跋，有综合之论，有断代之论，有地区之论，从歌谣实例梳理句式、押韵、谐声等规律性事理。

段老师对民间诗律事业殚精竭虑、锲而不舍，从1983年到1999年，十有六年矣！从组稿、改稿到跑印刷厂校对人们大都不认识的国际音标，从一校、到二校、再到三校，兢兢业业，一字不苟，他的坚持精神，于此又见一例证。

中央民族大学耿予方教授是和段老师一起到西藏调查了几个月的同行，他说："段宝林同志干什么事都很认真！"

过伟教授在《段宝林论》长文中说：

在国内的民间文学界，宝林的创新精神也是首屈一指。他不断提出新的范畴、概念、理论，如民间文学基本特征的“直接人民性”、“立体性”；价值论的“三大价值”、“雅俗结合律”、“第三资料库”；体裁论之“创世神话”、“新闻传说”、“广义民间故事及其分类体系”、“笑话的三分法”、“抒情长诗”、“故事诗”等基本概念的提出；艺术论之“神话艺术思维的特点”、“传说的典型化特征”、“笑话的美学价值（喜剧的内涵与本质问题，对古典美学的重大补充）”等新观点；方法论之“描写研究”、“立体描写”乃至“立体思维”等概念范畴。其中许多已为好些学者所采用，以致较难说明谁是“始创说者”了，有些则尚可分辨是段氏所创说，如“立体性”“描写研究”。至于“民间诗律工程”、“中国民俗大全工程”，段氏倡议（并坚持）之功更值得表彰。

在学术界，常有这样的学者，他们在自己的学术领域取得一定地位和成就后就停滞不前，乃至以自己的学术地位唯我独尊，抑制新进，这种狭隘的“学术垄断”和“学术霸权”思想对学术研究有不可低估的破坏性和阻碍作用。段老师对这种陈腐的思想一向非常鄙薄。他对自己的学术研究不断深入更新，精益求精，其力作《中国民间文学概要》重印了几十次，重大修订有四次，在写作、增订过程中，把某些专题论文的心得吸收进《概要》；增订本出版后，新著论文、专著继续发展他的学术观点；还有《中国民间文艺学》（由专论民间文学为兼及所有民间艺术：民间曲艺、民间戏曲、民间美术、民间音乐、民间的舞蹈之作，更适应广大文艺家、文艺爱好者和群众文化工作者们迫切需要的理论指导、提高之用），因为民间文艺的理论知识关系到文艺创作和研究，而一般学校没有这门课，所以很受欢迎。

他还讲过《中国俗文学概论》（俗文学和民间文学是既有联系又有区别、既有复合的领域又有独立的领域的两类文学），为中国民间文艺研究会的刊授大学写过俗文学讲义（与汪景寿合作）。

1984 他主编了中国第一部《民间文学词典》（有基本理论、基本知识，有中外歌手、故事家、民间文艺家简介，有中外作品和民间文学典籍简介，是国内民间文学词典中出版最早、知识涵盖面最广的一部），其中民间文学基本理论和中外史诗等条目都是他亲自写的。

这三大作品，不仅研究领域有所拓宽，而且研究层次和研究成果逐步加深，更为厚实、精到。

因为在西方民间文学属于民俗学、人类学范畴，从 80 年代中后期开始，他更着力向民俗学发展，在北大开全校性选修课“民俗学”，引起轰动，受到热烈欢迎，连换三个教室，最后在全校最大的二教 203，还坐不下。在民俗学科研上的主要成果有《世界民俗大观》、《中华民俗大典》（原名《中国民俗大全》）。前者的编排，别具匠心，节日民俗以岁时的顺序逐月逐日编排，婚俗、饮食民俗、服饰民俗等按地区、国家的惯用顺序编排；宗教信仰、社会组织、生育民俗、文化娱乐等则以各自的内容分类编排。《中国民俗大全编写提纲》则体现了段氏民俗学方面的学术思想。首先要求各省卷介绍该省民俗的自然环境和人文环境，然后将民俗事象分为七大类（节日、物质、组织制度、礼仪、信仰、民间科技与医药卫生、民间游艺），较之学者们一般分为经济、社会、信仰、游艺四大类有所发展。有的学者将节日归属于信仰民俗，有的学者则归属于社会民俗，段氏则把它独立起来，安排在卷首，因为节日民俗是包含节日来历传说、祭仪、信仰、禁忌、文娱、歌舞乐戏、社交、饮食、服饰等等多种因素的综合的、最富于民族色彩和地域色彩、最具有民族凝聚力的民俗事象。把民间科技与医药卫生民俗列为七大类民俗事象之一，段老师是别具慧眼的，它在民众生存与发展中的地位与作用是不言而喻的，但学者们一般易于忽视，段老师倡导了，各省卷作者着力调查研究，使文明古国的中华民俗更显学术魅力。

在其《中国民俗大全总序》(《民俗研究》1996年第四期，《新华文摘》全文转载）中，段老师再次阐扬了其创新的学术见解，一是把“四维立体性”发展为“六维立体性”(“长、宽、高”三维立体，加“时间”这第四维成为四维立体，再加上第五维“内部空间多层次的立体”)，鲜明地提出民俗事象在传承变异中，总的趋势是向美好的方向发展，虽然有时会有逆流、会沉渣复起，但总的趋势是扬弃不适合于新的社会、经济、历史发展的劣俗、陋俗，总是向美俗、良俗发展。他用民俗的“趋美律”这一新理论对民俗发展规律作了一个极为重要的总结，其意义和影响将是深远的，民俗学家们将逐步体会到。在《中华民俗大典总序》之中，他又提出一个更深刻的理论——“民俗的本质是生活美”，这是对世界上流行的“民俗是原始社会的历史残留物”理论的一个根本的、最大胆的创新。这个创新不仅总结了民俗的历史发展规律，而且将会使民俗学在提高人民生活质量上的重要作用受到人们更大的重视，大大有利于民俗学的繁荣发展。虽然新理论的出现会遇到种种阻碍和怀疑甚至嘲笑，但段老师坚信真理一定胜利，仍然满怀信心地微笑着挺胸前行。

智者之笑

段老师可贵的精神是多方面的，过伟教授将自1981年与他相识、相知以来，所领略、体会到的情况写在《段宝林论》之中。他说：

从读其作品，可以想见其为人。我到北京曾访其三处寓所，第一处北大21号楼327号房，一间小小窄窄的单人宿舍，书架、书桌、行军床各一，他在这里睡眠、备课、学术研究、与上门求教于他的学生交谈，也接待我这从广西远道来访的江苏同乡、老朋友。星期六晚上骑上一个小时单车回妻子的宿舍，度天伦之乐，星期一清早，又骑一个小时单车到这里工作。苦行僧式的清苦，颇磨练一个人的意志。女儿来读北大附中，让床位给女儿，自己住到教研室去。艰苦的环境里，写出精彩的论文。第二处是航天部工作的妻子的宿舍，房间里三世同堂，杂物众多尽收眼底，书刊堆积，可是他一找便能取到，从看似杂乱无章的书丛中拿出新著赠我。第三处是北大中关园教授宿舍。这时科技家妻子退休了，北大增建一批教授楼，宝林同志得以迁入新居，书房——教授的脑力劳动车间中，书，排列于书架，一行行一排排。老夫老妻团聚，不必每周两次远距离蹬自行车了，他笑着说："失去了每周两次很好的体育锻炼机会。"(那时，虽是寒冬迎风蹬车，北风呼呼，他不戴帽子、口罩，身体够健朗，精神颇坚强，心态很乐和，神情极风雅。)

和气、端庄的段教授在老友眼里，忽地"变形"为他常津津乐道的"阿凡提"风度了。难道这是我忽然萌发奇想？也许是他的"正面喜剧人物论"给我太深刻的印象之缘故。

事实上，和许多学者一样，伴随着他们在学术上的成就卓著，经常是一些现实生活中的"迷糊"，宝林先生亦不例外。在北大中文系，他外号"迷糊"，还是中文系"迷糊协会主席"。这是说他在生活小事上经常犯迷糊。这也难怪，一个长期沉醉于学术领域的学者，当他专注于自己专业问题的研究与思索时，总是精骛八极，心游万仞，对眼前的现实琐事不免会有所忽略。

于是，在北大，就有不少关于段氏的"民间笑话"，其中有一个广为流传的版本说：多年以前（典型的民间故事的开头），教授夏夜从未名湖散步归来，带着湖光塔影的清新和思考的欣悦，漫步回宿舍休息（这是无数北大学者习惯思考问题的方式，早年的朱光潜先生、宗白华先生，以及后来的季羡林先生都有这个习惯，他们倒背双手，散步于湖畔，听湖水翻卷，任清风四起，思绪纷扬，灵感翩至，他们很多深邃思想的学术著作都和北大未名湖有不可分割的联系），行至柿子林外（北大的柿子林是三角地东北侧的一片长满柿子树的小广场，1998 年北大百年校庆，修筑大讲堂，柿子林被砍伐，今已不存），忽然狂风大作，电闪雷鸣，眼看阵雨将至。先生侧目望去，发现柿子林中孤零零停放着一辆崭新的自行车。先生寻思，深更半夜，谁的车子还放在这里，大雨将至，还不淋坏了，再说，也很不安全啊，万一被谁撬了，岂不给车主造成损失。于是先生毫不犹豫，行上前去，提溜着车后座，将其推至柿子林东面平房中的北大派出所。

派出所的同志按照惯例要对拾物不昧的人士予以登记，以作日后褒扬。先生也就例行公事登下了自己的姓名。

过了几天，到了周末，先生要骑车回家，发现自己新买的自行车不见踪迹。情急之下，急忙到北大派出所报案。

派出所民警一听，马上想起来，前些天有一位老师拾得一辆崭新的自行车，遂推将出来，先生一看惊喜有加：“啊，正是这辆！”

警察经过核对后，说：“过来看看是谁拾的，得感谢人家。”

先生说：“理所应当！理所应当！”

翻开记录，丢车人、拾车人竟是同一人！

警察和他都哑然失笑……

这则笑话在北大中文系流传甚广。我曾经向先生求证，是否属实，段老师听罢，哈哈大笑，连声道：“民间笑话，民间笑话！”

原来真实的情况是：他买了新车骑来学校，吃饭时，随手将车子锁在饭堂外，吃饭中遇到同事，二人聊天聊到忘情，一起步行走回宿舍，因为新买的车子，在心理上尚未习惯，竟把它忘记了。待晚间散步归来，发现自己车子还留在饭堂外，就将其推了回去。

就这样一件简单的生活小事，却被大家编成笑话流传。在他讲的民间文学理论中，民间故事有一个特点，就是流传变异性。一个故事在流传过程中会不断加上新的内容，使情节更加曲折生动，没想到理论联系实际，最后联系到他自己身上。

事实上，了解他的人都知道，他看似迷糊，实际上，他是小事糊涂，大事清楚，无论做人还是治学，他都始终非常严谨、认真而专注，他在修改我们研究生的论文时，连一个小小的标点也不放过，有时候为了一个注释，他会自己翻遍数十种资料。他让我们反复修改，自己反复审阅，一丝不苟。

此外，这个故事还告诉了我们这样一个事实：宝林先生心地善良，随时为他人着想，而置自己的不便于度外。他这种“迷糊”和时下社会上那些时刻只为自己着想，为个人名利地位不惜牺牲人格和道德，攀附权贵，趋炎附势，昧着良心损人利己的人的“清醒”相比较，实在是一种高尚而可贵的“难得迷糊”。

德馨远溢　桃李盈门

从 1981 年段宝林教授开始培养研究生以来，已毕业的学生计有：阎云翔、刘亚虎、陈晓红、靳玮、陈连山、万建中、刘晓英、彭牧、李靖、何杰、盛双霞、佐尔菲、大村三千野等 15 人。

其中阎云翔从 80 年代留学哈佛，获得博士学位后，曾先后执教于香港中文大学和美国约翰·霍普金斯大学，现在是加州大学洛杉矶分校终身教授，已是卓有成就的人类学家；刘亚虎是中国社会科学院少数民族文学研究所南方室主任，已出版《中国原始性史诗研究》、《中国南方各民族文学关系史》和《广西山水传说探美》等许多著作；刘晓英曾到广西罗城进行仫佬族民间文学田野考察，段老师委托过伟教授对她和同行的10多位大学本科生进行指导。此外，他所带的研究生如今或在国内高校、科研机构任职，或在国外深造，都有不凡的建树。

在北大，段教授还先后指导过不少外国学者研究中国民间文学。俄罗斯人李福清1965—1966年间在他指导下写博士论文，后来成为苏联科学院通讯院士、苏联科学院首席研究员、国际著名汉学家、中华民间文学研究家。李院士曾在台湾的大学讲授民间文学课，出版了好几本专著。段老师还指导过日本早稻田大学牧田英二教授、苏联科学院东方学研究所司徒洛娃高级研究员、美国达特茅斯大学白素贞教授、日本博士生泽野典枝和长绳誓子、德国柏林自由大学博士生傅玛瑞等高级进修生。这对弘扬中华文化、增进中外人民友谊作出了贡献。

1978年在兰州召开的全国民族民间文学大会上，段宝林先生一个人的三篇论文占了大会论文总数的1/3，他的《民间文学在文学史的地位和作用》的论文，被安排在大礼堂作报告，感召了一大批学者（如陶立璠、李慧芳等等）投身民间文学的教学和研究。会上一位来自内蒙的代表听了报告感动地说，“文革”期间，他由于研究《嘎达梅林》被打断了脊梁骨，从此后，发誓再也不碰民间文学了，但是听完段先生的演讲后，他认识到民间文学在文学上的重要意义，决心重新回到研究队伍中，还要搞得更好。

追寻美的旅程

宝林先生是一位为了弘扬中华民间文化而不断进取的学者。他脚踏实地一步一个脚印地前进着。他对改革开放真心拥护，1979年就申请加入国际民间叙事研究学会，是当时国家教委的头一名。90年代以来，他经常出国开会，同时进行国外的民俗考察，拍摄了大量图片。1991 年 3 月，他参加中国文联的一个文化代表团访问了菲律宾的棉兰老岛、西布和吕宋岛北部山区，对种梯田水稻的伊富高人的民俗文化进行了考察。

1995 年 1 月，他到印度参加国际民间叙事学会第 11 次大会，同时对加尔各答、迈索尔等南方古城和新德里民俗博物馆进行了访问。

1996 年 8—9 月他去丹麦哥本哈根开会，同时参观了安徒生的故乡和一个海边小城，访问了斯德哥尔摩、科隆、巴黎、阿姆斯特丹、卢林堡等地。1997 年 6 月去加拿大最东端的纽芬兰岛开学术会议，访问了温哥华、渥太华、多伦多及美国的芝加哥、洛杉矶等地。同年 11 月赴意大利领取人类学奖“彼得奖”，顺便访问了罗马、那不勒斯、庞贝古城、佛罗伦萨、威尼斯、比萨、米兰等地。1998 年 7 月到 8 月间，去德国哥廷根大学参加国际民间叙事研究会第 12 次大会，同时顺便访问了柏林、波恩、汉堡，还在葡萄牙的里斯本、科

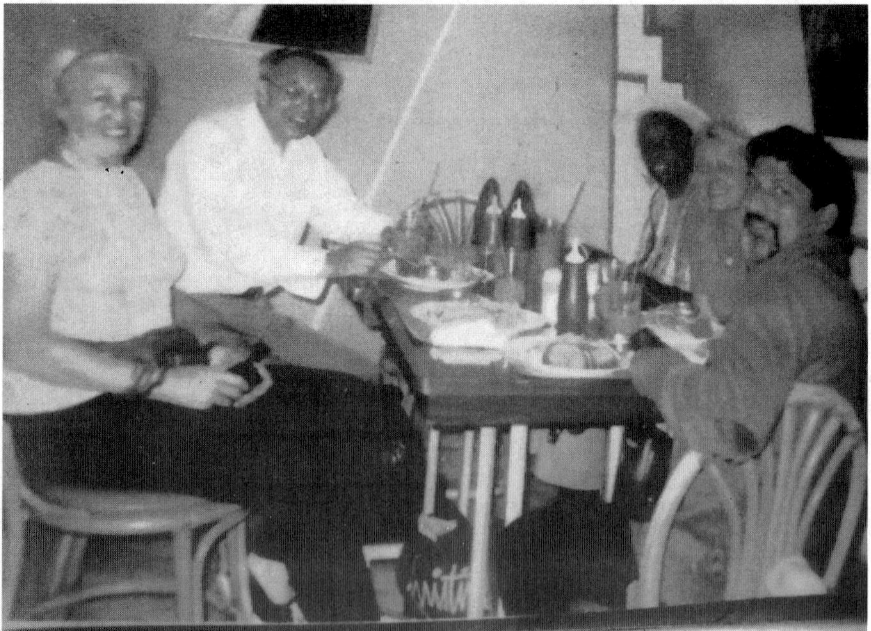

段宝林先生在非洲肯尼亚开会

英布拉古城和波尔图等地进行了民俗考察，参观了世界博览会。

2000 年他赴非洲肯尼亚开会，到埃及开罗、卢克索考察。2002 年去澳大利亚墨尔本开会，到悉尼、布里斯班等地考察。2009 年去希腊开会，同时到土耳其、以色列访问考察，到达了特洛伊古城、奥林匹斯山、克里特岛、迈锡尼古城等地。

这些年，段先生多次出访五大洲 30 个国家的几十个城市和乡村，记了几十本笔记，拍了几千张照片，搜集了大量民俗学、人类学资料，为中外民俗文化的比较研究积累了可贵的材料。这些成果部分已在国内的报刊发表。

段宝林教授的传记曾经收入英国剑桥国际名人中心的多种世界名人录，荣获英国剑桥国际中心颁发的“二十世纪杰出人物”金质奖章；最近他又被剑桥名人传记中心列为“二十一世纪五百名一流人物”，获柏拉图奖，为祖国赢得了荣誉。

宝林教授把民俗的发展规律总结为“趋美律”，提出“民俗的本质是生活美”的新理论。事实上，他五十多年来从事民间文学、民俗学研究与教学所走过的正是一条漫长的追寻美的人生之旅，他以自己的勤、真、善赢得了生命之美。

（附注：在写作中，引用了过伟等先生的文章，特此致谢）

道德文章，蔼然长者

——费振刚先生小记

赵长征

我在遇见导师费振刚先生之前，对他的大名早就如雷贯耳了。早在50年代上大学期间，先生就与北大中文系文学专门化55级的同学们一起写出了新中国第一部完整地从上古写到近代的《中国文学史》。因其封面是红色的，当时俗称为"红皮文学史"。后来，国家集中各大名校的古典文学研究专家又对之作了充实、修改和提高，于1963年出版了全国高校文科通用教材《中国文学史》。因其首印封面是蓝色的，所以俗称"蓝皮文学史"。当时年仅28岁的费先生，就与游国恩、王起、萧涤非、季镇淮四位老先生一起并列为主编。

这部蓝皮文学史以其理论系统完整致密、学术根基深厚、文笔深入浅出而通行几十年，在我上大学的90年代初期，仍然是全国高校最流行的教材。在我当时的想象中，以为费先生应该是一位与游先生等名宿同辈的老神仙。没有想到当时先生还根本没有退休，正担任着北大中文系主任之职呢。

1995年，我幸运地考上了研究生，来到了慕名已久的北大中文系，成为费先生座下一名学生。费师给人的第一印象，就是和蔼、平易，让人油然而生亲近之感。他年轻的时候跟随游国恩、季镇淮二位前辈大师学习先秦两汉文学，于《诗经》、汉赋尤有造诣。我一入学，先生就命我攻读《毛诗正义》。他说："我们做古代的学问的，都先要从原典入手。要研究《诗经》，就必须先读《毛诗正义》。不过这部书太大了，你可能读不完。你的师兄师姐们，没有一个读完了的。没关系，你从头开始读，能够读多少就读多少。如果可以读完《国风》部分，也就不错了。”

我那时年轻气盛，于是下了一个狠心，用一个学期的时间把《毛诗正义》啃下来。中华书局出的《十三经注疏》缩印本，每个字比蚂蚁都小，看起来特别费劲，一不小心就容易看串行。我用书签比着竖行，一行一行读下来。那段时间过得真是没日没夜，好在终于还是完成了任务。

费先生对我能够读完这部一百多万字的巨著很是赞许，对我提交的读书札记，每一条都作了认真的批阅。他欣慰地说："这样，以后你做学问就有个不错的基础了。"现在想来，我第一次读《毛诗正义》，难免有囫囵吞枣的情况，而且当时学问根基还有限，对于很多地方是不太理解的，尤其是对于其中以三《礼》解诗的部分，很是隔膜。但是，正如费师所说，通过这次艰苦的阅读，我对于《诗经》以及《诗经》学，已经有了一个总体的印象；而且啃硬骨头的能力大为提高，自信心大为增强，此后阅读任何古籍注本，我都不会发怵了。

费师所教给我的这种从原典入手的治学路子，虽然艰苦，短期内不容易出成果，却是一种正道，是做好学问的必由之道。学术是没有捷径可以走的，那种浮谈无根、靠卖弄华丽术语和辞藻以哗众取宠的轻薄路数，在北大中文系是没有市场的。在费师担任中文系主任期间，正是全国商业风气泛滥、学风浮躁之时。许多大学的中文系都纷纷改名，扩招文秘、旅游等专业，以增加收入。面对这种局面，费师提出"以不变应万变"，不改系名，不扩招专业，守卫学术传统正道，为文科院系在商业大潮冲击下如何坚守自己的责任树立了一个标杆。

先生在中文系是著名的宽厚长者。在他年轻的时候，就已经得了一个外号“费老”，一直叫到今天。对于他的宽厚热心，所有接触过他的人都是印象深刻的。即使是素不相识的人来向他求助，他也会尽力地去帮助他们。对于同事、学生，他的关怀是无微不至的。我们知道，许多有才华的人，往往桀骜不驯，不被周围环境所容，有时犯点小错误，日子就会比较难过。费师长期担任中文系的领导职务，他总是尽一切力量，宽容、保护那些才子们。许多后来成名成家的人物，一提到费老师，都要竖起大拇指，赞一声：“费老师，好人啊！”毕业于中文系的怪才徐晋如，据说是恃才傲物、眼高于顶，没有几个人被他放在眼里，但是他却一直感激、服膺费师。不得不说，在费师的身上，体现了一种大爱，爱学校、爱中文系、爱所有的师生，这是北大宽容、自由、博爱精神的体现。这种大爱，对于跟随了他十多年的我来说，自然是体会得更深了。

我刚刚到北大那会儿，上课的时候不喜欢背沉重的书包，而是把笔记本放在一个透明的塑料袋里面，往自行车的前篮里面一扔，很轻松地就到教学楼了。但是提着这个破塑料袋一甩一甩地走路的样子，大概确乎不是我自己想象的那样很跩、很帅气，没有多久就被细心的费师发现了。他知道我家当时不太宽裕，以为我没有书包，于是有一天，他专门送给我一个很漂亮的文件包，说，里面可以放很多东西的，以后可以拿它上课。在那以后，我就再也不提塑料袋上课了。像这样可爱的小故事，不知道发生了多少。费师对我们的照顾，是全方位的，不仅仅关心我们的学业，也关心我们的生活，还操心帮我们找工作。2001 年我博士毕业，留校在对外汉语教学中心（2002 年改名为对外汉语教育学院）工作，住在校内的筒子楼里。费师到我的房间一看，说，你住的这个房间，好像当年金开诚先生住过。费师的女儿刚好移民去加拿大，他和师母就把女儿刚刚买了不久的一个新洗衣机送给了我。这个洗衣机，我一直用到今天。

费师常常向我们提起老系主任杨晦先生。他爱护同事、爱护学生的优秀品质，大概就是从杨晦先生那里学习来的。他最常提起的，是他在读书的时候，有一次去理发，碰见杨晦先生，结果杨先生理完发先走的时候，悄悄地把费师的理发费也结了。就是这样一件小事，让费师感动了一辈子，也影响了他为人处世的方式。中文系的传统，其实不仅仅在于厚重的学术底蕴，还在于这种在日常交际、身体力行中传承下来的师生之间的深情厚谊上。我想，这里面有许多我们弥足珍贵的东西存在着。许多理工科的学生，称导师为“老板”，为导师打工，毕业了就少有联系。他们往往感到不能理解的是，我们这些文科生毕业后还常常与导师联系，甚至还会因为怕导师不高兴而不敢做某事，这可真是奇哉怪也！这让我想起唐代韩愈忧心忡忡的叹息：“呜呼！师道之不存也久矣！”不过，可以确信的是，经过了几千年的风雨历程，即使是在经历了“文革”这样的人文浩劫之后，古老的师道仍然顽强而又温柔地生长在我们中间。在中文系，有许多像费师这样的先生，他们举手投足，在不经意之间，就把那种书本上体会不到的优良传统体现了出来，并感染到了年轻一代学子。一代一代，我们就是这样走过来的，我们还会这样走下去。

在这些年里，我跟随先生研读《诗经》、汉赋、楚辞，也参与了先生的一些科研项目。在先生的谆谆教诲下，我的学业不断长进。但我总是以自己没有做出很好的成绩而羞愧，感到对不起先生的教导。先生对我，还是一如既往，既宽容又鞭策。每次去他家中请教，都是非常愉快的。和先生在一起的每一天，我都感到如沐暖阳，如坐春风。

2010年6月20日于西二旗智学苑

学者印象·孙玉石先生

张颐武

在孙玉石先生那间幽黯、典雅的客厅兼书房里谈诗是一件有趣的事。房间的基调是黑色，其中充满着书和艺术品，使人想起闻一多先生那间新月诗人们聚集的客厅。谈话是平静的，先生少有激昂或热情奔放的时刻，他总是一如既往地低语着，不紧不慢，缓缓地聊着徐志摩、李金发和穆旦，偶也谈到今天的诗坛上那些熟悉的名字。但在这闲聊中可以见到先生独有的悠缓而意味深长的幽默和风趣，也可以见出他所独有的对诗的挚爱与沉醉。和先生谈话不会让你爆发或热血沸腾，而是如嚼橄榄，让你回味，让你体会宁静和沉思的乐趣。更何况先生的眼中还时时闪过欣悦的光辉。我觉得先生是这个时代里不多见的少数几个把诗视为一种神圣的人，因为在年青时代，他曾是一个执著而热情的诗人。

和许多50年代过来的人一样，先生多少倾向于浪漫主义，只是这里多一点感伤和忧郁，多一点热情过剩的浪漫派所少有的敏感和超脱。正是这一点灵犀，使他和20世纪的现代诗走到了一起，也就使他的心和这个新时代跳在了一起。窗外的风起云涌似乎全然与他无涉，他似乎很少有临窗眺望的时间（难怪他家的窗帘经常挂起），他只是坐在书桌前写着，偶然到未名湖边听听湖水的清音。但他似乎无意却又有意地为新的诗潮找到了它的历史的存在依据。70年代末他写了《〈野草〉研究》，80年代他写了《中国初期象征派诗歌研

孙玉石先生在
丽江泸沽湖

究》。近几年流行的许多东西都能从这里汲取灵感和创造力，也能从前辈的创新的勇气中发现生命的力量。他好像远离一切潮流，但又似乎在为什么辩护；他超然，却又开风气之先。他喜爱的是好的诗、好的散文，读、欣赏，成了他莫大的爱好，正是这使他不在门派、意气中存在，一切狭隘的偏见都不能找到位置。

对我们这些学生说，孙先生是一个严格的人，一丝不苟，高度学术化，对资料的收集整理及论点的逻辑性有着极高标准的要求，他是学生们感到棘手的人，是使我们没法蒙混过关的人，这似乎掩盖了他在这一切之上的那一片诗心，那平静湖水之下的情感的火山。在他的书中和讲课中，只要你细心体察，很容易发现那在一片严格而认真的史料考证与细致分析中无法被压抑的热情。在我看来，先生也是少数几个特别喜欢在学生的作业中发现才华和智慧的人（你想想那些大堆大堆的作业也会疲倦），他激赏，他写下热情的评语。我觉得他发现的未必是多少新论点和新的思考（学生们未必想得比他更深），而是在重新发现着青春。

青春，这是多美的字眼啊！

（原载《文学自由谈》1990 年第 2 期）

深厚情怀，点滴于心
——共忆陆俭明先生二三事

沈阳、张娟编辑

在名师辈出的北大五院，有一位执著于教师职业半个世纪，至今仍在三尺讲台上勤奋耕耘的老先生。他已近 75 岁高龄，却“清瘦矍铄、精神抖擞；讲课声音洪亮、走路脚下生风”。作为汉语语言学的学术带头人，他学识渊博、治学严谨；作为青年学子的人生引路人，他朴实率真、谦虚豁达。他就是北京大学中文系教授、博士生导师陆俭明先生——我们可敬可爱的老师。

今年是北京大学中文系成立一百周年，也恰恰是陆俭明先生在北大中文系执教五十周年。在这个值得纪念的日子里，陆老师的一些“正在”和“曾经”的新老博士生们，一起回忆了与先生相处的一段段美好时光，也共同分享了一个个珍贵记忆。虽然大家谈及的不过都是些不起眼的小事，也大多是很多年前的旧事，从中却无不表现着先生的深厚情怀，更无不使我们每一个学生都铭刻于心。

活到老，学到老

“陆老师从事现代汉语语法教学与研究逾五十年，著作丰厚，桃李天下。十年前，陆老师快要退休时，有不少人劝他功成名就适可而止，他却从来没有就此停下来休息的打算。用他自己的话说：‘生理年龄大了，可能不能再从事具体的教学和研究工作了，但自己的

陆俭明先生（杜晓勤摄）

心理年龄还很年轻，还能做许多工作，而且是一些更重要的工作。’那一年，在跨入新世纪的时候，他已经制定了新的学习和研究的计划……而十年后的今天，我们看到的仍然是讲台上、学术会议上，他那活跃着的身影。

“‘十年动乱’期间，学校停课，陆老师和其他老师一起被批斗，被下放。在恶劣的环境下，田间地头成了他又一回的‘课堂’，仅剩的几本词典成了他不可多得的‘教材’。正是有了这种‘厚积’，才有了以后的‘薄发’，当若干年后别人不得不重新开始找书读时，陆老师已经走在前面了。

“改革开放以后，陆老师还是最早走出国门学习的中国学者之一，先后到美国、日本和欧洲一些国家任教和做学术访问。直到现在陆老师也从未停止学习新的知识，不仅基本掌握了英语（大学期间他学的是俄语），而且积极了解国外新的语言学理论和方法。当他过去的学生从国外回来讲学，他也都一定会去听讲和求教。他常说：

‘我是活到老学到老，我有什么不懂的，就问沈阳、郭锐、袁毓林他们这些年轻人。’

“‘书山有路，学海无涯’、‘活到老，学到老’，对其他很多人可能只是挂在嘴上的空头口号，但于陆老师却是留在脚下的坚实足迹。”

（1990级博士生、北京大学教授沈阳）

“陆老师学英语的事给我留下了深刻的印象。他以前学的是俄语，但因为研究所需，年纪很大时才开始学英语。他的办法很简单，就是背词典，并且不怕露怯。有一次去国外开会，同行的年轻人都爱面子，怕说错，没有人敢提问。陆老师则不同，他大胆地用英语提问。我想，这种为了学问、研究而孜孜以求、从不怕露怯的做法是值得所有人学习的。”

（2006级博士生刘云）

爱问问题

“读报尚且如此，治学可想而知。

“记得那是在2008年的一次宴会上，开始先生跟我们聊学习、生活上的一些事情。突然，他看到了坐在餐桌一角有些沉默的一位媒体朋友，便主动跟他聊起最近国内外发生的新闻。先生说他平时总是飞来飞去，参加学术会议，没有时间看报纸杂志，但利用在飞机上的时间，他会读好几份报纸。先生提起了当时在印度孟买发生的爆炸案，这条新闻我也曾看到过，我只记得那是家大酒店，围困了很多人质。先生却一下子说出了酒店的名字‘泰姬玛哈酒店’。这么难记的名字先生都记得清清楚楚，气氛一下子热烈起来。后来，先生又问这位媒体朋友一些‘见惯不怪’的现象，比如：电信基站尤其是电缆是如何搬运并建到交通不便的山顶上去的？‘或许是绞盘吧。’这位媒体朋友立即变得吞吞吐吐起来。事后他跟我说：‘第一次跟先生接触，没想到他的涉猎这么广泛！哪怕是跟他研究的学术范围相差甚远的问题，都保持了如此强烈的求知欲。’读报尚且如此，治学可想而知！”

（2006级博士生、北京华文学院教师邹工成）

“陆老师爱问问题，特别是不怕问‘简单’的问题。在不止一次讲座上，我看到他高瘦而微佝的身材从人群中站起，用他苍老但是绝对清晰洪亮的声音，提出一个又一个‘天真’的问题。这些问题并不‘刁钻’，相反，许多问题恰恰是一些‘基础知识’，基础到让我想不到要去质疑，或者羞于去提问。但他就是问了，往往先是博得场中众人一阵善意的哄笑，然后是讲演者细致深入地解答，然后是在场大多数听众从中默默受益甚至获得意外的收获。我感觉他的问题倒是有七分为别人问的。陆老师不仅自己爱问问题，也特别鼓励我们学生问问题。‘不要怕别人笑话你不知道，你问了不就知道了嘛！不问不是永远都不知道吗？’这是陆老师在课上课下叮嘱学生们最多的一句话。这话按说是最朴素的大白话，但是真的很少见人能像陆老师一样如此‘本色’地说到做到。”

（2005级博士生夏军）

中国藤野先生

“就像藤野先生对鲁迅做的一样，他是我的‘中国藤野先生’。

“我是陆老师招收的第一位外国博士生。记得我刚考上博士不久，有事儿非请假不可，于是我交给陆老师一份写请假理由的纸条。第二天他把请假书的错别字用红笔改了交给我。我还清清楚楚地记得他一边划红线一边亲切地讲解的情景。就像藤野先生对鲁迅做的一样。他是我的‘中国藤野先生’。”

（2000级博士生、韩国翰林大学教师柳多利）

“2003 年我刚读博士不久写了一篇文章《V+V 形成的并列结构》，战战兢兢交给陆老师审阅。陆老师忙是‘地球人’都知道的，可很快陆老师就给我返回了文章，大到结构布局，小到行文标点都做出了批阅意见，对一些描述不清晰的地方就用大大的‘？’来标识。修改后发给陆老师，没有想到的是，我很快又收到了陆老师的第二次批阅意见，中文和英文摘要、正文行文，甚至于脚注都得到了陆老师的指正。文章完成后，我在论文作者上写上了‘陆俭明’作为联合作者。陆老师特意提醒我，不要写他的名字。他说，修改学生的论文就是他的工作。这篇文章后来在《语言研究》上发表了，我至今一直珍藏着这份批阅稿。”

（2000 级博士生吴云芳）

“毕业以后，2006 年由我执行负责的一个课题结题，请陆先生参加。本来说好上午九点开始，我去接先生。可刚八点先生竟自己来到了我的办公室。我以为先生记错了时间，谁知先生竟是为了我们结题报告中的一些小问题提前而来。看到先生在结题报告上的圈圈点点，我感动得无言！在学术浮躁的今日，学界公认的大忙人陆先生还会为我们的结题报告这样费神。我想先生给我们的不只是感动……”

（2002 级博士生杨玉玲）

“连外出开会，老师都会经常带着我的论文看。完成预答辩论文稿那天，老师马上要出差，下午 3 点收到我的论文电子版后便匆匆前往机场，没想到快 6 点时接到老师从机场打来的电话，告诉我他对论文的修改建议，说完了才放心地说：‘好了，我要登机了，你好好修改。’”

（2004 级博士生施家炜）

陆俭明、马真老师与学生合影

替别人考虑

“遇事总是替别人考虑，绝不肯让别人尤其是自己的学生身处险地。

“2006年2月16日，美国威斯康星大学麦迪逊分校张洪明教授邀请陆老师、马老师、王洪君还有我去讲学。那天早起，窗外风雪大作，交通阻断。陆老师、马老师和我三个人困在了一家小旅馆，没有吃的。张洪明教授试图开车来救我们，刚开出车库就寸步难行。为了解决吃饭的问题，我决定出门去找吃的。尽管一般来说冒雪出去找吃的不会有什么危险，但陆老师坚决不让我一个人出去，最后还是陆老师陪我一同出的门。这就是陆老师，遇事总是替别人考虑，绝不肯让别人尤其是自己的学生身处险地。”

（2000级博士生、北京语言大学教授崔希亮）

“陆老师特别怕拿小事麻烦别人。几年来从没见他让人帮他拎包、拿东西。平常在讨论会或下课之后跟陆老师走在一起，看他七八十岁相当于我爷爷的年纪，拎着重重的手提袋，就不由想伸手帮他拎一会儿，但他从来不让。有过几次徒劳的争执之后，我也就放弃了。看他大步流星走得飞快，我也时常怀疑自己是不是有必要提供这个帮助。

“更过分的还有，一次同门讨论会，会议室里椅子差一把，陆老师就让我们学生都坐着，他站着，说他是老师，习惯站着。看他站着跟我们讨论得眉飞色舞，我们这些学生真是佩服得无语。这还不算，讨论期间，陆老师发现缺几份材料，需要回蓝旗营家里取，我作为年轻力壮的男生，主动请缨。他说不必，让我们先讨论一个问题，他自己骑车回去取。我们放松了一下说了几句闲话刚打算进入正题讨论，不一会儿，他已经风风火火地拿着材料回来了！叫我们这些学生情何以堪！”

（2004级博士生夏军）

“我曾经是先生的助手，因此我和陆老师接触的范围不仅是学业上还有工作上。记得我刚刚参加工作的时候，一切都是新的，都那么不安定，由于种种原因工作面临的困难也很多，可是作为一个晚之又晚的晚辈，我总是不好意思打扰先生。先生很快觉察到这一点，于是他一有空就给我打电话，询问我在工作上是否有困难，还嘱咐我，一定不要有什么负担，有问题可以随时和他联系。有时候，先生甚至还帮助我，亲自和国外的专家学者联系，完成本该属于我的工作。那段时间，先生家的电话费的账单一定是长长的，可是谁也不知道……先生就是这样兢兢业业地工作着——不计酬劳，专心付出。”

（2005级博士生田靓）

“因为陆老师总是把学生放在最重要的位置，所以我们在学业上收获丰厚，却从没有机会体验‘程门立雪’的艰辛。这些感受，我想应该是陆老师门下弟子都深有体会的吧。”

（1996级博士生、北京大学副教授詹卫东）

一个教员应该做的

“记得那是2003年还是2004年的一天，北大中文系党委书记李小凡老师给我打电话，说系里推选陆老师为优秀共产党员，希望我能写一篇文章介绍陆老师的先进事迹，特别提到陆老师以近70岁的高龄，每年承担繁重的教学任务，始终坚持为本系、全校的本科生开设选修课，深受学生好评。我刚收集了一些资料，陆老师听说以后让我不要写，并致电李小凡老师，说自己做的都是一个教员应该做的，坚决推辞‘优秀共产党员’的荣誉。李小凡老师等系领导最终也尊重了陆老师的意见。”

（2002级博士生应晨锦）

“2003年上半年非典期间，因疫情严重，学校宣布改变教学方式，就是放假在宿舍或家里自学，大家也都不来了。因为当时我在北大对外汉语教育学院兼课，所以上课那天上午，记得是周二，我像往常一样先去三教上课的教室自习，整个教室那天只有2个人——我和外地进修的一位老师。到了上课的时候，陆老师带着大口罩准时出现在了教室门口。我问他，您不知道学校已经宣布学生自习了吗？他说知道，但担心还有同学来，因此还是要过来看看。那天他还带了厚厚的一摞参考资料，准备发给来上课的同学。这件事已经过去整整七年了，但至今记忆犹新！老一代学者的风范令人钦佩！”

（中央民族大学教师娄开阳）

"因为年龄最小的缘故，我给陆老师当了四年助教，接触自然也就多了些。那点点滴滴的、在我心湖中掠起一层波浪的记忆实在太多，我且一点点拾掇，害怕遗漏……回想起来，陆老师这几个学期就像是空中飞人一样，常常是课前飞回北京课后飞离北京，都不用回家的。然而宁愿自己累一些，也不愿意轻易更换上课时间。还有一件小事，让我记忆深刻。每次因学生太多而换到大教室时，或者考试前，陆老师都会特意提前去一趟原来的教室，在黑板上写上通知。尽管已经至少提前通知了两次，可陆老师仍会这样做。自己辛苦一点那是小事，学生疏忽一些那也是可以原谅的，重要的是学生别误了课，学生别误了考。在这个豁达的老人的眼里，又有什么是不可以原谅的呢？用陆老师常跟我说的一句话来解释：'我就是将心比心，站在对方的角度去想了想。'"

（2008 级博士生张娟）

"让我印象深刻的是 2008 年 6 月底，那个学期陆老师'语法分析'课的最后一堂课，有一位香港来的老先生，大概 60 多岁了，一直在听陆老师的课。最后一次课大家都走了以后，他走过去向陆老师表示感谢，同时递给陆老师一个信封，说是感谢信。陆老师觉得不对，让我当场打开了信封，里面除了感谢信以外还有 2000 块钱。香港来的那位老先生一定要给陆老师，说在香港没有这样白听课的，那是对老师劳动的尊重。陆老师坚决退还给老先生，说：'讲课是我的本职工作，北大欢迎大家来听课。'"

（2007 级博士生张则顺）

烹制精美的菜肴

"上世纪 80 年代的时候有一次在家中招待来访的日本学者，陆老师曾轻描淡写地推出过这道菜式（里脊肉）。不爱肉食的日本学者品尝之后，竖起大拇指赞道：陆先生能把这‘豆腐’烧得如此鲜美，真是令人大开眼界。陆老师和师母马老师都开怀大笑，引以为豪。

“多年来，陆老师一直没有时间再重现这道菜当年曾经的辉煌。我也只是把这个‘秘技’停留在文字记录的层次，至今还没有实践过。而在学问的道路上，陆老师则带领着弟子们，从早期的分布分析、变换分析、语义特征分析、语义指向分析、配价分析，到近期的生成与转换分析、认知功能分析、构式分析等等，始终走在语言学分析技术的前沿。

“从陆老师身上，我感悟到的是，做学问，跟烹制一道精美的菜肴一样，在快乐中付出劳动，品尝的是回味无穷。”

（1996级博士生、北京大学副教授詹卫东）

“每当中秋节或春节陆老师和马老师一定叫我们几个外国留学生到他家去吃饭。特别是中秋节，他们两位总惦记着我们几个学生。每次，他们都会亲手做一道菜，我还记得我们特别喜欢吃他们的‘凉拌菠菜’，陆老师说这道菜的秘诀在其中的‘切丝生姜’。”

（2000级博士生、韩国翰林大学教师柳多利）

“先生无数次地要求我们‘做学问大处着眼小处着手’、‘做学问要小题大做，生活中要大事化小’、‘生活要知足，为人要知不足，做学问要不知足’，这些都时时回响耳畔，使我终生受益不尽。先生做学问严谨、一丝不苟，先生在吃方面也是绝不含糊，说是‘美食家’一点儿也不过分。先生自创的‘啤酒加雪碧’味道美极了。”

（2002级博士杨玉玲）

“有一次午饭时间，因为时间紧急我需要陆老师的签字，陆老师接了电话就让我直接去他家，我在一楼的电梯口等他，电梯一打开，陆老师系着围裙就下来给我签字，我当时扑哧一笑：‘陆老师，您在家也做饭啊！’陆老师微微一笑，那种笑容让我看到了他为家人付出的幸福感。”

（2005级博士生张治）

头疼的毛病

“陆老师有头疼的毛病，严重时头疼欲裂。

“上世纪80年代末，由朱德熙先生牵头，进行教育部重点研究项目‘现代汉语词类研究’，我和陆老师参加。1989年朱先生去美国讲学后，主要是陆老师和我来做。这个项目要对4万词的语法功能一一考察，当时没有语料库，主要靠语感判断词的功能，为了避免个人语感的偏差，我们总是一起考察。当时，我和陆老师主要在五院的现代汉语教研室和21楼我的宿舍进行这项艰苦的工作。寒暑假时几乎每隔一天就聚在一起考察词的功能，开学期间每个礼拜也要做一次，无论寒冬酷暑，一支笔，几本词典，一把尺子，填表时避免窜行，一本词类功能考察表，一直持续了三四年。那时，陆老师有头疼的毛病，严重时头疼欲裂。有时陆老师头疼犯了，可仍然如约来到教研室。一个已经功成名就的著名学者，仍然从最基础的工作做起，值得我们年轻人学习。”

（1995级博士生、北京大学教授郭锐）

“印象里，我从来没有见过陆老师疲累的时候。可，只有一次，我见过了，准确地说，是听过一次，不，精确地说，是听过一声。那是我写博士论文瓶颈期，一天晚上10点左右，因论文的事想给陆老师打电话。电话接起来的时候，我先是听到一声‘喂？’，那是我从来没有听过的声调，低沉，透着浓浓的疲倦，可那是陆老师的声音。我心里一沉，说我是张璐，马上陆老师的声音就高亢起来了，恢复了往日我们早已习惯的印象。等说完放下电话时，我心里特别特别地内疚。我静坐了很久，一直在想，陆老师是不是已经休息了，他那天是不是忙了很多很多事情。不知道还有谁听过那样的声音，于我，那是唯一的一次。”

（1999 级博士生张璐）

“听马真老师说，早年，一次陆老师工作归来，由于太劳累，累到吐血。而且他常年有严重的偏头疼，我记得写博士论文那阵，正赶上很多学校请他去参加论文答辩。那天我发完修改后的论文，打电话给陆老师，是马老师接的电话，原来他的旧病犯了，头天晚上失眠了一整夜。”

（2005 级博士生张治）

“头疼失眠了一整夜之后，第二天恰好是我们同门的讨论沙龙。陆老师并没有因此推迟讨论的时间也没有请假，其实他完全可以这样做，而是如约来到教研室。讨论中，大家发现陆老师脸色苍白，青筋突出。于是便问了起来，这时陆老师才告诉我们这个鲜为人知的秘密——他长期偏头疼。因为一直服用的药停产了，所以那段时间常常犯病。‘这病犯了挺厉害的，头疼得感觉像要爆炸了一样。’说完这话，陆老师看着大家又诧异又紧张，便赶紧笑着说：‘不过，我倒是自创了一个办法来缓解头疼，就是往麦角胺里加入咖啡。’说到这儿，我特别同意张治师姐说的，‘陆老师并没有超乎寻常的健康，他有的只是超乎寻常的乐观和坚强’。”

（2008 级博士生张娟）

给了她力量

“我原来在吉林大学的一个同事给我讲过一个故事，她说这件事她终身难忘。她曾跟陆老师同时参加一个学术会议，因为家庭变故，会议间歇期间，她一个人在角落里伤心落泪。陆老师看见了，走了过去，问她是否有事，鼓励她要坚强。她说陆老师的关心和鼓励给了她非常重要的力量，帮助她走出那段困难的时间。”

（2003 级博士生、高等教育出版社周芳）

“在读书期间，我的父亲去世，我顿时感到天昏地暗，悲痛欲绝，不知所措，并时时痛苦流涕。陆老师和马老师多次安慰我说，‘你要把我们家当做你的家，随时到我家来。’在他们温暖的关怀下，我终于止住了眼泪，继续投入学习。他们懂得如何安慰沉浸在失去爸爸的悲痛中的软弱的孩子，让我这样一个在异乡求学的人感到我不是一个人孤苦伶仃在他乡。”

（2000 级博士生、韩国翰林大学教师柳多利）

“硕士毕业后，我去扬州大学工作，孤身一人到了举目无亲的城市，通过电子邮件向陆老师请教教学、科研方面的问题，善解人意的陆老师感觉到我对新环境的不适应，在电子邮件中鼓励我学会从生活中自己找乐子，希望我做个快乐的人，让自己开心也是一种生活能力。”

（2005 级博士生张治）

弹指一挥间，点滴在心头

“从 1980 年我在物资礼堂第一次听陆老师的讲座，到 2010 年我亲手为陆老师正式退休送上一束鲜花。三十载岁月弹指一挥间，一万个日子点滴在心头。

“我‘认识’陆老师（最早只是单方向地认识而已）整整三十年了。在这虽不算漫长但也确实并不短暂的三十年中，有数不清的记忆，有说不完的故事。但我想特别记录这期间的四个时间点。第一个时间点是1980年，我第一次见到陆老师。那天陆老师在北京语言学会举办的一个公开系列讲座上做‘关于虚词研究’的报告。那时我几乎连什么是虚词、什么是语法都还不懂。但可能也就是从那时起，我开始喜欢上陆老师讲的这些东西，而且梦想着有一天能到北大跟陆老师学习。第二个时间点是十年之后的1990年。那一年我终于成为了陆老师的博士研究生，而且是陆老师正式招收的第一个博士生（那年整个中文系也只录取了4名博士生）。第三个时间点是又十年后的2000年，东北师范大学出版社吴长安编辑找到我说，他们出版社打算推出一套‘汉语语法学大家文集’，出版社约请我负责编选其中的《陆俭明选集》（该书后来获得‘国家图书奖’编辑奖）。转眼现在已经是第四个时间点即2010年了，陆老师也正式退休了。这一年我又负责筹办了庆祝陆俭明先生从教五十年的学术研讨会（其实我一直想找机会给先生祝寿，比如2010年也是先生的75岁寿辰。只是陆老师坚决反对学生们为他祝寿，才最终作罢。其实就连“从教五十周年”陆老师也是不愿意‘庆祝’的，所以本来‘庆祝陆俭明先生从教五十周年学术研讨会’的会议名称后来也变成了会议的副标题）。

“如果说在陆老师的诸多作品中选编一本集子还相对容易些的话，那么怎么写陆老师的评传文章，却着实让我费了些心思。其实，所谓‘桃李不言，下自成蹊’，书既编成，本身已是作者人格魅力的真实写照，自毋需我画蛇添足；又所谓‘千古文章，有口皆碑’，书有知音，读者自可品味出作品自身的真正价值，更不待我越俎代庖。不过我揣测，出版社要我来写这篇文章，可能本来还有另一层用意，即因为我是陆老师比较早的入室弟子，这么多年跟着陆老师学习，耳濡目染中肯定得了不少真传，或许可以谈出点别人所无法得到的体会；又因为我是长期与陆老师共事的同事，这么多年跟着陆老师工作，朝夕相处中肯定了解不少内情，或许可以介绍些别人所不知道的故事。姑且不说有没有真传和故事，但按照我本来的想法，确实也是想借此机会写一篇从学生的角度来谈老师的体会文章，比如就写写我跟陆老师学怎么做学生、学怎么做老师、学怎么做学问的一些经历和感受，文章的题目我都想好了，就叫做‘跟陆老师学做学生、学做老师、学做学问’。我觉得这样的文章不但也是对陆老师的一种评论，甚至可以说是更好的评论。但文章写到一半，看来看去还是感到说自己的事情太多，这多少就有了点喧宾夺主的味道，跟这本书的性质也有点不太合拍，所以最后只好还是放弃了原来的想法，改写成现在这篇内容和口气都有些像新闻记者写的文章了。这确实不能不说是我的一点遗憾。但我想总有一天还是要把前面说的那篇文章写出来的，或许就会附在陆老师的下一本文集中。因为我相信，我的这种感受和体会，不仅对本书读者中一部分想了解陆老师、想了解这本书收录文章内容的人，会有一定帮助，而且对本书读者中更多想做或正在做学生、想做或正在做老师、想做或正在做学问的人，也肯定有好处。”

（1990 级博士生、北京大学教授沈阳）

（本段文字选自“汉语语法学大家文集”《陆俭明选集》编后记，东北师范大学出版社 2000 年版。）

当你欣赏彩虹的美妙时，可曾注意过那一颗颗晶莹的水珠，先生就是那道最美的彩虹，我们要寻找那一颗颗的水珠。

师缘·师恩

段江丽

能走进北大五院、忝列周先慎先生门墙，在我，是一种幸运、一种偶然，可是，冥冥之中又似乎是一种必然的缘分。

我16岁高中毕业，出人意料，未能考上大学，而是进了卫校。18岁中专毕业从事护士工作，20岁为人妻，23岁为人母，我的生活有如江南4月的晴日，风轻云淡，清朗明净。只是在午夜，常常会从关于大学的梦中惊醒。

其实，我早已生活在岳麓山下一所美丽的大学校园里。夫君从湖南师大毕业之后留校，我在婚后第二年即调入校医院工作。因了近水楼台之便，通过成人高考成为“文革”后首批夜大班学员，取得了中文专业大专文凭。27岁，在夫君和众多师友的鼓励下，顺利考取湖南师大中文系古代文学专业硕士研究生，毕业后留校任教。

虽然有心在学业上更上层楼，可是，北大于我，仍是遥不可及的梦；而周先慎先生，则是我一直崇拜、景仰的教授。

1994年，夫君考上北大英语系博士。遥远的北大忽然成了我生活的一部分。39楼，三角地，德才均备斋，未名湖边的垂柳和夕阳，民主楼前的华表和银杏树，一切的一切，陌生而又熟悉，似乎与我有前世今生之约。

当时，北大博士生可以向学校申请探亲住房。大约在1996年初秋，夫君与我商定，待到明年花开时，我去探亲。夫君趁机鼓励说，

作者与周先慎先生合影

北大实在太迷人，不如努力一把，我们再做校友。于是，我给景仰已久的周先慎先生写信，表达报考的愿望。

信发出后，我走在路上，会数脚下的台阶、路边的树，走进教室，会数男生多少、女生多少。心里想着，是双数就会收到周先生的回信，则报考；是单数就不会收到回信，则放弃。在双数与单数的煎熬中，我很快收到了周先生欢迎报考的回信。

于是，我全力以赴。

1997年春，我终于走进梦都不曾梦到的北大，探亲兼考博，在博士生的探亲房——25楼119，住了将近一月。来时万木萧疏，去时已是绿树成荫，尤其是西历4月初的几天，窗外的树叶简直像变戏法似的，时新日异。头天傍晚还是夕阳下一抹娇嫩的鹅黄，第二天早起，晨光下闪烁的已是一片淡雅的浅绿，不经意间再一抬头，呈现在眼前的，已经是浓得化不开的墨绿。我平生第一次见识了北国之春的神奇美妙。

这次的北大行，最美丽的风景，是25楼东北侧小山坡上成片成片的二月兰。最富寓意的故事，是在五院门口留影时，夫君一把将我推进门里，戏说不要在门外徘徊，要走进去。最忐忑不安的消息，是了解到报考周先生门下的考生众多，竞争激烈。一位好心的朋友不无遗憾地说，早知如此，应该同时报考其他学校，多一份机会。我说一切随缘好了。

经过几个月漫长的等待，终于，在一个蝉声鼎沸的秋日，我真的走进了北大五院。至今回首，仍然有如梦幻。

事后得知，如果我的信晚到两三天，老师就携师母去瑞典了，要好几个月才回北京。

如今，有认识或不认识的学生咨询报考之类的事情，我总会条件反射地尽快回信。

入校不久的一个下午，导师约我和同届另一位同门博士生一起，在五院一楼的古代文学教研室，做入学训导。我密密麻麻地记了好几大页的笔记，可惜几次搬家，那个笔记本已经难觅踪影。不过，老师的一些告诫，已经融入血液，成为我从事学术活动的信条与准则，诸如“踏实”、“严谨”、“兼容并包”、“读书—思考—写作三环紧扣”、“对别人的观点可以不同意但是要尊重”、“将研究对象置于坐标系中前后左右关联比较”，等等，等等。除了为学，还有为人。老师说，要行君子的忠道和恕道，与人为善、推己及人；老师还说，任何时候都要能够保持平和的心境，得意时要想到自己的不足，不骄傲，失意时要想到自己的长处，不气馁。那是第一次近距离见到仰慕已久的先生。夕阳透过窗户，映照着先生慈祥的脸与睿智的目光。我心中满是关于“气象”和“境界”的联想和感动。

以后，这种联想和感动时时发生。

因为夫君去美国做博士后，博士一年级，我带着11岁的儿子在身边，只好在校外找房子住。因缘巧合，我得到袁又申老师的热心帮助，读博三年，一直住在她位于承泽园平房 47 号的家里。

当时，老师住在燕北园，以自行车代步。老师经常约我在承泽园门口见面，有时交给我参考资料，有时交给我批改过的作业，有时交给我师母特意给我儿子买的巧克力……赶毕业论文时，甚至是约定一周两次，老师把批改过的章节给我，再拿走我新写的章节。

寒来暑往，承泽园平房前简陋逼仄的小路上，老师不同季节、不同颜色却同样矫健优雅的骑在自行车上的背影，砌成了我关于北大的记忆之塔。在我，它远比博雅塔来得更加真实、更加亲切、更加有意义。

如今，老师的心脏装了起搏器，早已告别了自行车。老师骑车的背影，却时时在我眼前浮现。

如今，我依然完整地保存着老师批改过的博士论文初稿本。那些用铅笔写的、密密麻麻的批语，包括提示性的疑问号，至今仍是我学术上的箴规和鞭策。尤其是每年 4、5 月份“论文季”到来时，我都会习惯性地翻阅这已经有点发黄的“批改本”，它会让我的心远离周遭的喧嚣与浮躁，沉静下来，认真地对待学生每一篇的论文。

如今，老师越来越慈祥了，我却被老师的慈祥惯得越来越疏懒和任性。虽然住在同一个城市，且距离并不算远，我却总是礼节不周。四时八节，有时以电话或者邮件致意，有时粗心大意，连电话或邮件都忘了，只有少数时候登门拜节。相反，当遇到烦恼和困难时，则总是毫无顾忌地向老师和师母倾诉、求助。每当我嗫嚅着想道歉和道谢时，老师和师母总是体贴地说没关系，我们理解。我所感受到的，分明是父母对女儿的口吻和眼神。能在老师和师母面前疏懒和任性，是一种幸福。但愿这种幸福能够长长久久。

博士论文出版时，我曾在《后记》中写道：在我为遽然失去母亲而极度悲伤时，导师和师母特意带我去爬香山。导师心脏不好，在半山腰等着，师母则挽着我的手爬上山顶，一路上用各种方法和语言开导我、安慰我。当我们在苍茫暮色之中回返时，我仿佛觉得自己是与慈爱的父母一起走在故乡的路上。那一天，是2000年5月20日，星期六，天晴，有微风。从此，我对师“父”师“母”的含义有了更真切、更深刻的体会。导师、师母之恩，山高水长，我无以为报，惟有终身铭记。

如今，乃至永远，这仍是我最真切的一段心曲。

2010年6月17日

表里俱澄澈，心迹喜双清

——记袁行霈教授

杨晓华

你是他的学生，上课之前你期盼着他的到来。他轻轻地推门进来，白发皤然，精神矍烁。他微笑着和你打招呼，询问你的学习、生活状况，你的每一丝忧虑或欢乐都可以和他分担或分享。一堂课下来，你有许多感想要对他诉说，他会耐心地听，同时启发你得出一个属于自己的结论。他，就是已经在北大生活了半个世纪的长者，中文系的袁行霈先生。

如果有来世，我还要做老师

袁先生的课是中文系学子和许多喜欢中文的学子心中的经典课程，袁先生也已经成为大家心目中的北大学者风度的象征。

每当先生上课时，教室里外总是水泄不通，走廊、窗户外面都站着听讲的人。八九十年代，先生为北大中文系本科生和研究生先后讲授过中国文学史基础课，以及陶渊明研究、唐诗研究、李贺研究、唐宋词研究等专题研究课。

先生上课很有自己的风格。他十分注重发挥学生的主动性和创造性，在课堂上总是鼓励学生发表不同见解。国学研究院 2002 级的博士生曹胜高说："袁行霈老师很有雅量，尽管他是一位声名远播的学者，但是他非常虚心，非常坦然地倾听同学的不同意见。"先生上

袁行霈先生近影

课的板书俊秀飘逸，每当他转身写字时，那气度，那字迹，总是要激起一阵感叹。他习惯竖写，一行行地从右到左，一节课下来，黑板上就完成了一篇书法作品。他的学生中也有不少擅长书法的，于是一个误传不胫而走：要考先生的研究生首先得书法好。

先生对学生交的论文，大至谋篇布局，小至遣词用字和句逗，都不放过。2003年非典肆虐期间，一个博士生正在写学位论文，但是又不能像往常一样跟老师面对面地交谈。于是先生就利用电子邮件进行指导和批改，等到论文定稿，电子邮件已经积累了一大堆，最紧张的时候，先生一天改了三次，发了三遍，以至于最后大家都说，出一本论文的批注版都绰绰有余。

袁先生对学生品格的要求十分严格，国学研究院每一届学生的开学典礼仪式上，袁先生都要在讲话中提到：这里的学生要提交两篇论文，一篇是学术的论文，一篇是个人品德的“论文”。他要求学生做到学问和道德的统一。

执著和付出终得报偿。由于教学成绩斐然，1979 年先生在做了二十二年助教后成为讲师，第二年即 1980 年升为副教授，1984 年国家教委组织全国部分老教授审核后特批为教授，1986 年取得博士生导师资格。先生微笑着说：“我大概是做助教时间最长的人。”应该再加一句，大概也是做讲师时间最短的人。由于在教学工作中的突出贡献，1989 年先生获得全国高等学校首届优秀教学成果奖国家级特等奖（个人）；1991 年获国家教委和人事部授予的全国教育系统劳动模范称号暨人民教师奖章；1993 年获北京市人民政府授予的北京市人民教师称号（公众推选的十佳教师）；1995 年获北京市先进工作者称号。

后来在担任了多项社会职务，甚至是民盟中央副主席、中央文史馆馆长等重要职务后袁先生仍坚持在教学第一线。袁先生指导的研究生有些已成为国内外相当著名的教授，或担任着一些部门的领导工作。他仍然经常说："我的本职工作是教书。"先生对教学相长的古训深有体会，他说，好的学生固然和老师的培养分不开，能成为好的老师也跟学生分不开。先生深深眷恋自己所从事的事业，他不止一次地说："如果有来世，我还要做老师！"

苦心孤诣的学术之道

袁先生走上学术道路和他从小所受的文化熏陶有很大关系。他出身于书香门第，家庭环境培养了他对古典文学的爱好，启迪了他对文学的慧心和妙赏。

1953 年，先生成为北京大学中文系的学生，从此受到严格的学术训练。1957 年毕业，被著名诗人、学者林庚先生留做助教。在 1960 年至 1964 年的几年间，他和陈贻焮先生一起跟随他们的导师林庚先生主编了《魏晋南北朝文学史参考资料》，他还参加了林庚、冯沅君主编的《中国历代诗歌选》的选注工作。做这些工作需要阅读大量的作品和史料，这为他今后的研究打下了良好的基础。

1987 年他的《中国诗歌艺术研究》出版，此书于 1991 年获北京市第二届哲学社会科学优秀成果著作一等奖，于 1992 年获国家教委授予的高等学校出版社优秀学术专著特等奖。正是在这本书的

袁行霈先生在讲堂上

序言中林庚先生感叹说："人之会心，或囊括宇宙，或隐于针锋，灵犀脉脉，若相问答。行霈为学多方，长于分析，每触类而旁通，遂游刃于群艺，尝倡边缘之学；举凡音乐、绘画、宗教、哲学，思维所至，莫不成其论诗之注脚。本书上编盖由浅入深，沿波以探源；下编则青山历历，峰峦自见。仿佛两条坐标轴构成一幅坐标图，交辉映照，互为表里。话固不可以若是其几也，譬喻又总是跛足的，不知其可耶非耶。多年来行霈时叩我柴扉，每纵谈终日，乐而忘返；盖习以为常，亦性之所近也。"两代学者心灵的脉脉相通清晰可鉴。

随着学问的精进和学术成就的积累，先生对做学问的见解愈加高屋建瓴。他认为做学问无非是两种方法：一种是把复杂的事情说得简单明白；另一种是对简单的事情，作出深入细致的分析。先生认为，学问和诗歌一样具有气象。"学问的气象，如释迦之说法，霁月之在天，庄严恢弘，清远雅正。不强服人而人自服，无庸标榜而下自成蹊。”而形成这种气象至少有三个条件：第一是敬业的态度，对学问十分虔诚，一丝不苟；第二是博大的胸襟，不矜己长，不攻人短，不存门户之见；第三是清高的品德，潜心学问，坚持真理，堂堂正正。先生说，具有大家气象的学者具有一些共同的特点：他们学术的格局和视野开阔，能够左右逢源，游刃有余，处处显示出总揽全局的能力；他们的学问都具有开山之功，开拓新领域，建立新学科，发凡起例，垂范后学；他们都是学问和道德并重，用正直、诚实、刚强成其宽容、独立之气象。

1995年，教育部请袁先生主编面向21世纪教材《中国文学史》。他约请了19所高校的29位学者，团结一致，经过两年半的努力，完成了全部四大卷的书稿。先生提出“守正出新”四个字作为这套书的编写方针，还确立了撰写文学史的三原则：文学本位、史学思维、文化学视角。傅璇琮先生认为该书“打破传统概念，开拓研究视野，展示了学术发展的新方向”；杨义先生认为全书的总绪论和各编的绪论，“从文化学的大视野考察了文学与政治社会、宗教信仰、学术思潮、传媒和受众等诸因素的联系，荦荦大端，层次分明，有些地方写得非常大器”。该书在1999年8月出版，2000年获得北京市第六届哲学社会科学优秀成果特等奖，2001年获得第五届国家图书奖，2002年又获得全国普通高等学校优秀教材一等奖。至今已经印刷了多次，被许多高校采用。先生认为：“这是对我们这个集体的高度肯定。”

无论就人生追求还是学术兴趣而言，先生生命中最耐人寻味的一部分是他对陶渊明的挚爱。他对陶渊明的研究从80年代初开始，前后持续了二十多年。先生曾在东京大学、北京大学、新加坡国立大学系统地讲授过“陶渊明研究”课程，并在哈佛大学、哥伦比亚大学、华盛顿大学就陶渊明作过专题演讲。所发表的多篇论文，在1997年汇集为《陶渊明研究》一书出版。这些研究成果都吸收到

2003年出版的作为国家古籍整理出版重点规划项目、厚达900页的《陶渊明集笺注》中。书中内容包括校勘、题解、编年、笺注、考辨、析义，并附有和陶诗十种、陶渊明年谱简编等。为了整理此书，先生广泛调查研究了国内外《陶渊明集》的各种善本，选择汲古阁藏宋刊十卷本为底本。先生此书兼采各家之说，详加考辨，择善而从，且断以己意。此书既带有汇校和集注的性质，又有很强的独创性，在古籍整理的方法上，可谓一种新的尝试。先生认为，陶渊明的作品看似平易，实则含义深邃。对于此书的笺注，先生在字词、典故、史实的解释上下了很大的功夫，而又不满足于此，对许多含义深刻而被人忽略的地方，必旁征博引，加以阐释。对作品的思想和艺术多有自己的说明，对一些史实也不放过。书中所附和陶诗，对于深入研究陶渊明接受史有重要意义。有的和陶诗十分罕见，是根据手迹和孤本整理的。《陶渊明集笺注》在2004年获得北京市第八届哲学社会科学优秀成果著作一等奖。先生《论和陶诗的文化意蕴》一文发表于《中国社会科学》2003年第6期，对北宋以后大量的和陶诗作了深入的阐释，并指出陶渊明已成为中国文化的一种符号。可以说和陶诗是先生所开辟的一个新的研究领域。

先生自幼就喜欢陶渊明，也深受其自然和朴实的生活观的影响。夜深人静，喧嚣散尽，先生每每披衣静坐于他的书房中，与陶渊明衷心交契。在这种质朴的学术生活中，他一方面保持了一个知识分子的单纯和宁静，另一方面又不断追求着哲人的那种自觉、自省。他曾用两句诗总结自己对人生境界的追求："表里俱澄澈（张孝祥词句），心迹喜双清（杜甫诗句）。"他说，对陶渊明的研究过程是一种自我满足的愉快的过程。他曾经为陶渊明纪念馆撰写了一副楹联："质而绮，真且醇，自可传之千古；樽中酒，篱下菊，岂甘了此一生。"这是发自内心的对于前贤的理解和尊敬。

承传中华文化的历史使命感

先生具有一种历史使命感，一是承传中华文化，二是沟通中外文化。在承传中华文化方面，既注意高深的跨学科的学术研究，又注意向大众普及。

1992年初，北大成立了中国传统文化研究中心，任命袁先生为主任。在他的主持下，中心编辑了大型学术刊物《国学研究》，先生在发刊词中说："中国悠久的文化传统不是一潭止水，它宛若滚滚不尽的江河，不断纳入支流，或直或曲，或速或缓，或涨或落，变动不居。国学也是这样，汉有汉学，宋有宋学，今后则必有以今之时代命名的学派。历史悠久的国学只有不断以新的形态代替旧的形态，才能永葆青春。""植根于中华大地的国学，必将抖落身上的尘埃，吸取各国优秀文化的营养，以其扶疏的枝叶向全世界展现旺盛的生命力。"

他站在中国学术承传的高度，站在振兴中国优秀传统文化的高度，站在古今和东西融通的高度，审视中国文化的前途，其新锐精到和宏放激切让人感奋。至今，《国学研究》已经编辑出版了17卷，成为国内外很有影响的学术刊物。在先生的指导下，中国传统文化研究中心还组织并资助了30多项研究课题，出版了十多部高水平的研究著作，编辑为《国学研究丛刊》。

中心还与中央电视台合作，摄制了文化普及性质的《中华文明之光》电视系列片150集，每集三十分钟，一百多位北大老师参加讲解。90多岁高龄的钟敬文先生亲自打电话赞扬这套节目格调高雅，深入浅出。时任国务院副总理的李岚清则在贺信中指出："你们利用现代化的传播媒介，把大学课堂延伸到社会，把高雅文化普及到大众，以优秀的传统文化去陶冶人的情操，鼓舞人的斗志，这种努力值得充分肯定。"

1998 年北大百年校庆之际，中心主办了有 17 个国家的著名学者参加的汉学研究国际会议。中外学者进行了广泛和很有深度的交流。袁先生在会上致题为《文化的馈赠》的开幕词，响亮地提出一个处理世界各民族之间文化关系的主张。馈赠的关系是双向的，既把自己的好东西馈赠给别人，也乐意接受别人的馈赠。馈赠的态度不是彼此对抗而是彼此尊重，馈赠的结果是多种文化互相交融、共同繁荣。提倡“文化的馈赠”，意在通过互相交融，促进各民族文化的发展，以形成全球多元文化的高度昌盛。“馈赠”的主张得到广泛的注意，这次会议也被誉为一次“真正意义上的国际会议”。

2001 年中国传统文化研究中心改名为国学研究院，袁先生又出任院长。在袁先生和他的同事的共同努力下，2002 年国学研究院招收了中国传统文化研究博士班，目前已招收了五届学生，第一、二届已经毕业，取得博士学位。有的博士一毕业就被重点大学聘为副教授。国学研究院还组织北大中文、历史、哲学、考古等院系的 36 位教授和副教授，共同撰写多学科交融的学术著作《中华文明史》。全书共分为四卷，约 160 万字，400 幅插图。

十四年来，从中心到研究院，这个事实上是虚体性的研究机构，出版的各类著作约两千万字，为学术研究特别是跨学科研究作出了实质性的贡献，为学者们施展才能搭起了坚实的舞台。

先生对于与人合作共事有着自己的独特体验：“常怀感激之心，常存渐愧之意。”这并不是过分的谦虚，而是他的真情流露。他说：“我能做出一点成绩，在很大程度上是靠了大家的帮助和成全。本应做得更好，但没有做到，留下许多缺陷。”常怀感激之心，表明一个人对生活的热爱、对周围人的善意。常存惭愧之意，是一种可贵的反省精神，表明一个人智性的健康和完整。惟其通过反省，不断看到生命中尚需充实的空间，生命才具有不断走向充实的可能。

问到他最感激的对象，他毫不犹豫地说是“北大”。先生写过一篇散文《我心中的北大》，文中写道：“北大有一种力量，有一种气象，有一个不可测其深浅的底蕴，唯有大海才能比拟。”先生正是在这样的大海中获得了知识，获得了智慧，获得了宽容，获得了勇敢。惟其如此，他才总是那样从容不迫地面对人生的各种考验。

我看钱理群

孔庆东

现在就要企图全面地臧否一下钱理群，似乎为时过早。因为他不是那种从南坡爬上山顶就从北坡坐缆车下去的人，他是上了山顶就不打算下去，要在山顶搭台唱戏的人。尽管也不排除这种可能，即他最好的戏已经在登顶的过程中唱过了，但在山顶上将要演出的戏绝对不会令人失望，则是基本没人怀疑的。

钱理群是一个具体的人，但又具体得很“抽象”。“钱理群”三个字对于认识他的人来说，已经成为精神内涵比较丰富的某种意象。我读过的评论钱理群的文章如王得后、汪晖、陈思和、薛毅等人之作，普遍对那种意象有所触及。我自己写的关于钱理群的文章，也试图把握那个意象，但却总有“瞻之在前，忽焉在后”的感觉。看来意象是不好强行把握的，还是循规蹈矩地有啥说啥为好。

对于我们这一代成长于80年代的青年学生来说，钱理群首先是一个青年导师。陈平原老师曾戏言钱理群是“好为人师”，我觉得这不但抓住了钱理群的最大特点，而且说到了钱理群最根本的生存意义。钱理群可以不当学者、不当教授，但绝不能不当老师。不当老师的钱理群不是钱理群。我认为毛泽东骨子里也是“好为人师”，他也是什么都可以不当，但一定要当老师。毛泽东说过“四个伟大”的赞颂里他只同意“伟大的导师”一条。钱理群的关于毛泽东思想的批判研究迟迟难以展开，我觉得有一个内在原因：钱理群和毛泽

钱理群先生

东的性情是有很多相通的，他们都是启蒙家。就对于启蒙的热情来讲，恐怕鲁迅也要逊于毛泽东。只是毛泽东的启蒙越到后来，越借助了思想之外的力量——进而直接将启蒙变成了“改造”。而鲁迅和钱理群这一类人，由于基本没有思想之外的力量可以借助，所以一方面保持了启蒙的纯洁，另一方面则使本人乃至包括启蒙本身都付出了巨大的牺牲。不过即使如此，学生们也反对让钱理群去当官，他们喜欢只有思想的钱理群。学生们宁可自己去当官去赚钱，也要保护钱理群这个纯粹的“人师”形象。

我第一次见到钱理群，他 40 岁出头，貌似一个年富力强的恶僧，风风火火地走来走去。我以为这是一位很勤勉的进修教师——若干年后，我也曾被误认做进修教师，然而是不勤勉的。及至慕名去听钱理群的课，发现原来就是那个恶僧，不禁心中一动。他一张口，我就被吸引住了——我欣赏的老师甚多，但能这样吸引我，使我在课堂上基本不做其他事情的老师，仅此一位。他汹涌的激情，在挤满了几百人的大教室里奔突着，回荡着。他深刻的见解，时而引起一阵急雨般的掌声，时而把学生牢牢钉在座位上，全场鸦雀无声。即使在冬天，他也满头大汗，黑板擦就在眼前，他却东找西抓寻不见，经常用手在黑板上乱涂着他那奔突又奔突不开、卷曲又卷曲不顺的字体。听他的课，我不坐第一排，即使坐第一排，也坐在边上。这样才抵御他思想的巨大裹挟力，保持一份自我的思索和对他的静观。我发现自己越是上喜欢的老师的课，越爱给老师起外号或者挑语病，大概就是出于这种潜意识。钱理群的思想，通过北大和其他学校的课堂，辐射出去，影响了整个 80 年代的中国青年界。他的专著出版很晚，但他的鲁迅观、他的周作人观、他的中国知识分子观、他的现代文学史观，早已成为一代学子共同的精神财富。如果将来有人以钱理群为研究课题的话，我先提醒一句，他的书是第二位的，他的课才是第一位的。“课堂”研究有朝一日应该成为我们的学术话题。无论从投入的热情与精力、内容的精彩与饱满，还是得到的反响和愉悦，钱理群的课都比他的书更重要。听过他课的人再拿到他的书，不是有一种急于打开的冲动，而是有一种再三推迟打开的眷恋。中国 80 年代不乏比钱理群声望更高的思想家和启蒙者，但他们留给青年的只是一些概念和判断，而钱理群给予青年的是一团熊熊燃烧的活的启蒙精神。他的启蒙不是“最高指示”，也不是大鸣大放大批判，而是用自己的生命去体会和言说他所敢于直面的世界。所以他思想的感人程度是既深且远的。

钱理群的思想方式一是深刻的怀疑精神，这很明显是来自鲁迅。鲁迅的怀疑精神被埋藏了许多年，钱理群把它从尘封中掘出，高高地扬起，为之再三咏叹。于是，学生们都习惯了怀疑，不但怀疑“历史”、“学问”、“道德”，而且一直怀疑到鲁迅，怀疑到钱理群本人。当钱理群学生的一大好处就是可以不听他的话，反驳他的话和说他的坏话。

其次，钱理群的思想方式有一种“大”的力量。他视野开阔，善于捕捉重大的话题，善于从大处着眼，善于小中见大、化微为著。钱理群十分注意一个具体学术问题的“时空坐标”。他笔下经常出现“20世纪”、“中国”、“中西”、“大”等词汇，这些词汇今天已经成了青年学者文章中的常用词。这种大思维方式既是得益于马列主义的基本素养，更是决定于对自身生存境况的强烈关注。钱理群经常号称自己善于从别人那里“偷”各种理论和方法，他的论著中也的确什么顺手用什么，从精神分析、原型批评、神话理论到接受美学乃至女权主义，但是他用来“偷”这些和驾驭这些的最基本的功夫还是历史唯物主义和思辨哲学，包括从人的基本生存境况出发去研究人的精神产品，从上层建筑各部分的互动关联中去考察文学等。所以他的思想始终具有一种高屋建瓴的“大”的气势。

钱理群思想方式的第三个特点是善于抓取“意象”，即研究客体中反复出现的那些最能表现“本质”的典型语汇。这种思想方式是理性与感性的结合，需要有极强的“悟性”。而这所谓“悟性”不是神秘兮兮自欺欺人的，它实际就来自对自己生活的切肤体验并把这种体验投射到研究中去。如钱理群在鲁迅身上抓取了“绝望”、“抗争”，在周作人身上抓取了“苦住”、“兴趣”，在话剧问题上抓取了“大舞台”和“小舞台”，在40年代文学中抓取了“流亡”和“荒野”，在1948年文学中抓取了“生存”和“挣扎”……这些意象在选取事实上都是一种主客观的契合。当不能找到合适的意象时，钱理群的研究就不能深入进行下去。一旦找到了合适的意象，则如同杠杆找到了支点，“成吨的钢铁，它轻轻地一抓就起来”。这种研究方法是钱理群在学术实践中自己摸索形成的，但还没有在方法论的意义上得到系统的总结和推广。我在一篇文章中谈到，这种方法具有将“现象学”和“历史主义”结合起来的特点。但它同时又带有经典马克思主义和中国传统诗学的某种气息。或许不必急着去总结它，让它在流动中发展下去更好。总结常常意味着凝固。

除了是一位优秀的学术研究者之外，钱理群还是一位卓越的学术研究组织者，或者说是学术战略家。钱理群经常宣布他的研究计划，经常为别人和整个学科策划研究步骤。他对自己的专业有着良好的把握，不但熟悉各个具体研究对象，而且熟悉研究队伍，他心中装着一幅详细的学术导游图。他对别人的生活也许不大懂，但他知道谁研究什么最合适。他对专业研究的进展保持着比较宏伟的构想，比如他认为目前应当进行出版研究、校园文化研究、地域文化研究、文学与政治研究等等，他已经把这些研究课题布置或建议给其他的研究者。在他周围，出现了一种“规模研究”的集团优势。这对于今后的现当代文学研究，具有相当重要的启示意义。

钱理群目前无论在专业领域，还是在整个知识文化界，都已经获得了比较高的声誉。声誉高了，自然也会使不同角度的人觉得他有这样那样的缺点。在我看来，钱理群的研究似乎有如下几点值得注意。一是外部研究与内部研究的平衡问题。在 80 年代就有人对我说：“你干嘛跟钱理群学呀？钱理群不是搞文学的。”这话显然是把“文学”看得太窄了，但它曲折地表达出了一种感觉。钱理群的历史唯物主义有时不能与他的意象法结合得天衣无缝，的确有现实关怀的激情不是从文本分析中得出来的时候。如果从针对这一个问题的角度出发，我是赞同把“学理”与“关怀”适当分别处理的。

第二个问题是启蒙的姿态。钱理群的姿态是崇尚独立思考，一切从自我出发，真诚，不受羁勒。但是，纯粹的“独立思考”是不存在的。我们日常所强调的“独立思考”是指不受权威引导，不随波逐流，而不是绝对的空无依傍。钱理群有时天真地以为自己是一个“纯粹”的知识分子，忘了任何人都是不自觉地代表一定的社会群体利益的。他以为自己代表的是大多数和历史的正义，但有时情况很复杂，会变化。钱理群强调既不做权势的帮忙与帮闲，也不做金钱的帮忙与帮闲，也不做大众的帮忙与帮闲，但你毕竟“非忙即闲”地生活着，你的发言客观上一定是对某些人有利、对某些人不利。不清楚地意识到这些，一味“真诚”和“自由”着，就有可能引起错误的掌声，甚至发生亲痛仇快的事情。

不过我想，钱理群是具有自我怀疑和自我否定精神的，这些问题，他也许正在思考。钱理群的思想还远没有完全定型，今天对他的这些臧否，只能算是边走边唱的眉批和回评，离整本连篇的总评还远着呢。

（原载《当代批评家论·钱理群专辑》）

有感于洪子诚先生文集的出版

赵　园

洪先生给人印象深刻的，是某些不为“代”所囿的品质。他较少地受制于他成长的那个时代的学风与文风，赋有那一代人中较为稀有的对作品细腻的审美感觉，这种感觉曾经是备受压抑的。与自己生活的时代的风尚保持距离，毋宁说是一种罕见的禀赋与能力，禀赋系于先天，能力则赖有后天的努力，甚至是自觉的清醒的努力。

王瑶先生曾断言当代文学不宜写史，当时洪先生的《中国当代文学史》尚未出版。如若王先生能读到这本书，或许会校正他的说法的吧。洪先生的著述，示人以当代文学研究作为“学术”应有的品质，也示人以当代文学研究作为“学术”区别于其他学科（即如现代文学与古代文学）的特有品质。

对当代文学作史的叙述，于史才、史识外，较之其他时段的文学，还要特具现实关怀与学术勇气。当初读洪先生的当代文学史，曾惊叹于该书某些章节表述的“直接”与犀利：在我看来，那决非故示“勇气”。在洪先生，大概只是在尽可能准确地传达自己的理性判断而已。我由此惭愧于自己久经训练的“表达技巧”，往往不过将敏感问题模糊化；而起初有意的“技巧”，渐成本能以至所谓的“风格”。或许要有一点天真、一种“迂”，才更有可能保有“纯正”？倘若真的如此，实在让人悲哀。

洪先生的书写方式，多少也赖有北大这个特殊环境。京城与某

洪子诚先生

些“外省”，北人与北人之外，言论环境确有不同。北人的某种放任，有助于造成“人物”的气象。最近在关于北大的一篇文字中，写到“校园人物”。北大校园中的人物，由环境所滋养，校墙于此是限制也是庇护。

洪先生不曾自命“公共知识分子”，但他的学术工作有类似的担当——对于正在进行中的且有诸多敏感点的文学史，承担叙述的责任。他与几位老师的《回顾一次写作》也是承担。某种意义上，为当代文学写史就是承担。其他时段的文学研究也有与现实的对话，但“隐含着”与直接处理仍然具有现实性的当代议题，不消说是不一样的。你由洪先生的那部文学史正读出了这种承担。有此承担的学术和没有承担的学术，有品格的不同。我不同意那种将学术与“参与”、“干预”对立起来的看法，不认为不直接参与某项公共事务即不具有“公共性”。这尤其可以当代文学这一学科证明。我也不同意将“参与”、“干预”作为标准滥用，将其与其他价值对立起来。我注意到了2004年洪先生接受《南方文坛》访谈时提问方的说法，即洪先生的论著对于一些“互异”的方面“以一种温和的方式给予处理，赋予一种持续的张力”(《回答六个问题》，《当代文学的概念》，北京大学出版社2010年版)。在我看来，没有表演性，审慎，尊重自己的“知识感觉与观念感觉”，才能有此“温和”。

“当代文学”作为学科在目前高校、科研院所的学科格局中，难免遭遇尴尬，有时不得不面对学科壁垒与学科间因于无知的偏见甚至歧视。“当代”是我们生活于其中的时代，对于“当代”的学术表述，对当代问题的学术化，本应获得广泛的关注。1980 年代的文学与当代文学作为学科，就曾焕发过魅力。到 1990 年代，当代文学这一“界”，令旁观者心情复杂。似乎重心南移，京、沪间失却了积极的呼应。在“界”外人的观感中，它有时更像推销会、“卖场”，供一批人走会、拿钱，但你也看到，仍然有谢冕先生、洪子诚先生们的“庄严的工作”，使人对这一学科不敢小觑，对从事者保有敬意。

我对洪先生的文体的兴趣，始于读《1956：百花时代》的前言后记。即使他的学术文字，也较少五六十年代的那种八股气，那种文章套路。直至前不久读他关于契诃夫的阅读经验，仍然有感于此。在所属的一代人中，洪先生给人印象深刻的，是某些不为“代”所囿的品质。他较少地受制于他成长的那个时代的学风与文风，赋有那一代人中较为稀有的对作品细腻的审美感觉，这种感觉曾经是备受压抑的。理论兴趣与审美感觉，有助于自我更新，也借此保持了与年轻学人间的呼应与沟通。与自己生活的时代的风尚保持距离，毋宁说是一种罕见的禀赋与能力，禀赋系于先天，能力则赖有后天的努力，甚至是自觉的清醒的努力。我其实不知道洪先生是否“清醒”与“自觉”。

洪先生的当代文学研究作为凭借的，就应当有他本人对文学的直觉。在这个因意识形态的挤压论述空间狭小的学科，他的这种直觉，以及保有直觉的能力，尤为难得。当然，“直觉”的背后，有知识储备与审美素养、经验与阅历。洪先生的经历似乎并不复杂，即不那么“苦难”——或许可以证明曲折复杂的经历不是从事人文学科研究的必要条件。作为条件的，应当更是体察与反思的能力。在这一方面，人与人之间天差地别。

无论学术还是文学，境界都系于其人。学术文字也可能有所谓的“性灵”。我想到了中国现代文学的两位大学者——王瑶与唐弢，想到校园人物与非校园人物。唐先生后来进入了研究所，身份已变，较之王先生，仍然更是文人；直至其晚年，大块的学术文字透出的，仍然是文人气息。校园对于其间人物的影响，是我感兴趣的题目。洪先生的特别之处，在我看来，也在学人而有文人气习——直至近期发表的一组“阅读史”，不大像出于久在校园的学者之手，或许也得益于一种保存早年文学气质的能力。人总难免于环境的改造，但人与人仍然互有不同。洪先生常会说到自己的“怯懦”、“犹豫”，我却相信他的性情中有较为坚硬的东两，不易磨损，能抵抗外力的销蚀。这种“坚硬”在我们所处的环境中，尤其可贵。

保护较为“自由”的心灵，保存生动的感性、直觉，保有内心深处“柔软的”部分，使之免于过早地硬化，同时又不失必要的“坚硬”——这很难很难，却值得努力。

（原载 2010 年 2 月 24 日《中华读书报》）

导师黄书雄

立　三

导师名叫黄书雄，广东梅县人，1959年考入北大中文系，毕业后留校工作任教至退休。

我来自客家地区，得知导师夫妇也是客家人，惊喜万分，感觉在茫茫人海中找到了家人。有时候，我跟他们还用客家话交谈，这在普通话地区是一件多么幸福的事情！师母还是北大客家文化研究中心研究员，去师母家里，她经常眉飞色舞地跟我讲起她的故乡——梅县大埔的乡风乡俗，每每都会勾起我对家乡的怀恋。

黄老师个子矮，微笑着的圆脸总让我想起弥勒佛。每当我跟导师在一起，有人就开玩笑说："看！10过来了！"听得我一脸茫然，旁人笑着解释说："你又高又瘦，像1；黄老师又矮又圆，像0——你们师徒俩在一起，不就成了10？"我听了哈哈大笑，打心底里佩服大家丰富的想象力。

北大教授中平易近人的极多，但导师不仅仅是平易，更主要是性情好，如一位得道高僧。导师一定不知生气为何物。他见人总是笑眯眯的，纯朴，真诚，善良，一如处子。每向导师求学问道，他都热情招呼，丝毫没有长辈和导师的架子。从导师家告辞出来，导师总要下楼相送，直至我离去，他才转身上楼。对弟子这样客气的导师，不知道是不是很少很少？

导师脾气好，但这并不意味着他对自己的弟子放任自流。有一次，导师出任一套大型工具书的主编，布置我撰写其中的部分词条。

当我把稿子交给导师后，导师看着看着，憋了半天，最后忍不住红着脸小声责备我，说我的字写得太潦草，怎么能以这种态度做事！这事给我留下了当时的难堪和后来的记忆。这是我在北大三年求学生涯中导师对我唯一的一次批评。正是这次批评让我开始反省，从此，我做事努力克服马虎的毛病，坚持至今而未曾改变。

那时候在班上，大家心里彼此都会比比谁的导师有学问、有名气。每每相比，我就很自卑，因为与北大中文系众多名家相比，我的导师默默无闻。导师常跟我感叹，大学毕业后，先是“四清”，接着“文革”，全家下放，颠沛流离，居无定所。后来好不容易安顿下来，组织又让他干党务工作，这一干就是十多年，总推不掉，就把学问给落下了。在北大，没有几个老师愿意做“官”，因为大家都知道，唯有学问才能安身立命，故对于党务工作，人人唯恐避之不及。而导师太听话，他老实，不善推辞，书记干了一届又两届，两届又三届，几至退休。

导师告诉我，作为读书人，在业务单位干行政工作叫做不务正业。当他得知我当了“生产队长”后，曾多次劝我辞掉这个职务。导师语重心长地说：“我一生学问平平，拿不出什么像样的成果，就是因为不务正业。你要记住我的教训！一定要多写文章，多出著作！那才是自己的东西。”但我当时利令智昏，把导师的忠告当做耳边风。几年后，我碰了壁，下了台。当我垂头丧气地将此事告诉导师时，导师却为我叫好：“下来了，好啊！这样你就可以安心干业务了！”两年后，当我将一本自以为可以勉强拿出手的学术著作献给导师时，导师笑了，笑得很开心，他拍着著作的封面感叹道：“立三啊，请你记住，这个才是你的正道！”

现在，我经常想起导师这句话，它成了我在懒惰想投机不思进取时鞭策自己的一种动力。

（原载 2009 年 7 月 18 日《北京晚报》）

严绍璗先生的比较文学之路

王立群

近三十年来，在中国比较文学界，尤其是在东亚文学与文化关系研究领域，我的导师严绍璗教授以严谨的作风、刻苦的钻研、丰硕的成果获得了国内外同行的认可，成为我国学术界在这一领域中最具声望的学者之一。日本文学会前会长中西进教授在北京大学演说时这样说道："我曾经读过一些中国学者研究日中文学关系和日本文学的论文，心里有许多的疑虑。后来我读了严先生的著作和论文，深深感到'北京大学**はやはり**北京大学**だ**'（北京大学到底是北京大学啊）！"

十五年前我走进北大文静温馨的五院，开始攻读比较文学专业的硕士学位，后来又继续在这里攻读这一专业的博士学位，都是在严先生的教诲下走完了自己的"学位课程"和"学位论文"的道路。作为教育部1985年直接发文建立的我国最早的培养比较文学学术研究人才的实体性学术机构，北京大学比较文学研究所一直是我国比较文学研究的重镇，乐黛云教授执掌该研究所十余年后，1998年由严先生接任所长至今。严先生在繁忙的教学与行政工作的同时，先后出版了学术专著13种、合作著书6种、主编书（包括丛书、文库）10种（其中只署名而本人无文章者略除），发表学术论文汉文130余篇、日文20余篇，此外还有诸如读书札记、学术评述、随笔、外文译汉文稿、序文、电视片编播等上百种。严先生的很多论说和

严绍璗先生

思考都极具学术价值与理论深度，在中国比较文学界产生了深远的影响，成为东亚文学与文化关系以及日本中国学研究领域蜚声海内外的知名学者。

1985年北京大学比较文学与比较文化研究所设立了全国第一个比较文学硕士点（含东亚文学关系方向），1995年又在比较文学博士点设立了“比较文学—东亚文学关系”研究方向，1998年在北大“四系一所博士后流动站”中设立了“东亚文化关系研究博士后”，从而建立起中国最早的培养东亚文学与文化关系领域高级研究人才的体系。作为国内第一位招收东亚文学与文化关系方向硕士与博士研究生以及与博士后合作研究的指导教师，严绍璗先生迄今为止已培养了11名硕士生和19名博士生，正在着手与第三位博士后进行合作研究。这些毕业生在国内外比较文学界都承担着重要的教学和研究工作，发挥着积极的作用。

早在1985年严先生还是北大副教授的时候，日本国立京都大学人文科学研究所聘请他出任日本学部“客座教授”，这是日本国立大学战后正式聘任的在文部省注册的中国大陆第一位客座教授（即在任期间有权参加关于“经费预决算”、“在职人员职称升迁”、“外聘成员选任”等事项的投票权）。迄今为止我国学界曾任此职务、获此经验者恐怕依然寥寥无几。自1993年起，我国国务院鉴于严绍璗先生“对我国高等教育事业做出的突出贡献”向他颁发政府特殊津贴至今。1994年，严先生又成为大陆以教授资格进入日本文部省直属“国际日本文化研究中心”的第一人。他是我们新中国成立以来第一位在日本政府文部省研究机构享受高于同级日本教授工资 20% 的中国教授。据说，这一规定依据的是明治二十七年（1894 年）日本国会通过的“中央省厅邀请外国专家薪酬高于本国专家法案”，竟然经百年没有修改而仍在执行中。[1] 同年 11 月 7 日他受到日本明仁天皇接见，双方就《古事记》与《万叶集》的阅读交换了见解。1998 年 11 月 9 日，因在“中华文明志”中从事《中国与东北亚文化交流志》的撰著，严先生成为当时国家主席江泽民接见的 15 位作者之一。江主席对他们说：“你们为人民写了好书，人民感谢你们！”2001 年，日本文部科学省直属 National Institute of Japanese Literature 又以日本国立大学教授最高工资（001 俸）邀请严先生在该研究所组织“日本文学中的非日本文化因素及其价值意义”研究班一年。同年开始，他受国际比较文学学会会长邀请出任“东亚研究委员会”主席至 2004 年。严先生先后获得北京大学社会科学研究第一届（1986）、第二届（1988）、第四届（1993）优秀成果奖，中国比较文学学术著作一等奖（1990），亚洲—太平洋出版协会（Asian Pacific Publishers Association）学术类图书金奖（1996），国家图书奖荣誉奖（1999），改革开放三十年北京大学人文社会科学研究“百项精品成果奖”（2008），北京市第十届哲学社会科学研究优秀成果一等奖（2008），中华人民共和国教育部“全国人文社会科学研究优秀成果一等奖”（2009 年）；在 2009 年 1 月与 2010 年 1 月连续两度获得“北京大学人文社会科学研究优秀学者”称号并受到表彰。

严绍璗先生是北大古文献专业出身，却走上了比较文学之路，长期担任北京大学比较文学研究所所长，并且长期担任宋庆龄基金

---

〔1〕严先生周围的日本朋友认为，由于日本国会的政客们忙于争权夺利，忘记了他们的先辈曾经在近代立国之初急于引进外国文化而订立的“这种对国内教授的不平等法律，所以保留至今。既然法律还在，当然是要执行的”。又说，“由于严先生的到来，可能提醒中央高官们，我们还有 100 年的法律应该修正！”严先生觉得由于自己在日本这个机构的任职而促使国会议员们安静反思，也实在是非常有趣的。

会“孙平化日本学学术奖励专家委员会”主席。他的学术轨迹，不是刻意的“跳槽”，不是有意为之的“改行”，更不是“心猿意马”或“无知无畏”；他的学术轨迹，正是在北京大学特殊的人文学术氛围中，遵循中国人文学术的内在逻辑，逐步发展变化而成就其事业的。

一、从古文献学到比较文学

严绍璗先生 1959 年入北大，进了刚刚设立在中文系的古典文献专业。在二年级时，北大副校长兼专业主任魏建功先生教导严先生在修完英文后应该去读点日文。魏老先生认为日本人搞了中国很多东西，将来总是需要有人来清理的，这一督促和教导竟然对严先生终生都产生了重要的影响。于是，他就边上日文课边阅读一些日文的现在称为“汉学”、“中国学”的书籍，发现了一片崭新天地。他在上《史记》课时，就动手翻译日本人写的一本《司马迁生卒年考》，发现里面的论述与主讲教授宋云彬先生的解读很不一样，因此很希望中国学界对汉学有进一步的了解。正是这样一种对学科的理解和期盼，促使他慢慢走上了试图拓展古文献领域使之与国际文化连接的学术道路。

事情也很巧，1964 年严绍璗先生大学毕业时，按照当时国务院副秘书长、总理办公厅主任齐燕铭先生的提议，要北大留下 1—2 个年轻人，把 1948 年由中国人民解放军北平军事管制委员会封存、作为美帝国主义文化侵略机构即原“燕京—哈佛学社”的资料，开包检查，登记造册，进而鉴定其价值，严先生遂被留校从事这一工作。正是通过这一工作，他逐渐明白，在英语世界中所谓的“sinology”，就是他在学生时代期盼老师讲授的“外国人对中国文化的研究”。齐燕铭先生的希望或许是想以此为一个突破口，拓展中国文化研究的世界性眼光。但是，这个工作实际上做了两个月左右，齐燕铭先生却被指为“反革命修正主义分子”，由他出谋划策的这一人文学术工程也就被阻断了。但对于严先生来说，“sinology”这个概念却与学生时代的朦胧的感觉契合，而在心中播下了国际汉学研究的“种子”。

在“文革”中，严先生虽然出身“黑类”，但毕竟只是一个小小“助教”，所以既不是革命的对象，也不是革命的动力，在业余无聊之际，有时抄录一些西方传教士的资料，关注他们翻译中国古典文献的功绩，开始对“国外汉学/中国学”有了稍稍进一步的了解。[1] 1971 年，严先生从江西五七干校回来，在未名湖边的花神庙边碰到了当时尚未被解放的中文系老系主任杨晦先生，在那个异常艰难的时刻，杨先生却谆谆教导自己的学生严绍璗不要扔下日文和英文，还劝导他“最好再读点德文”，这是何等的胸怀、何等的眼光！正是在魏建功、杨晦这样一些先生的教导之下，严绍璗先生到处寻找一些所谓外国人研究中国文化的书来读。其中，前东京帝国大学中国哲学教授井上哲次郎的三部重要著作《日本的朱子学》、《日本的阳明学》和《日本的古学》，成为他对古代日本汉学认识的奠基。加上对西方传教士相关资料的了解，他开始研究我们中国文化在这个世界上存在着的另一种研究状态——一种“外国人研究中国文化的状态”。

20 世纪 80 年代初，严绍璗先生开始从“日本汉学”和“日本中国学”领域，逐步地扩展到比较文学的研究。1982 年是严先生介入比较文学研究的具有标志性的年份，这一年他在“比较文学界权威会议”上正式提出了关于构建比较文学研究的“中国学派”的设

---

〔1〕严先生的出身有天主教信仰背景。父亲毕业于法国教会震旦大学法文系，母亲毕业于教会女中。所以他在北大筒子楼的住所中还有些“家里的材料”阅读和抄写。大家都把严先生看成是“东亚文化研究家”，其实，他也有关于“西方文化”的论说，严先生自知“在这个领域里，自己只是游击队，与正规军交不了手的，不能卖狗皮膏药，就歇业了”。但由此也奠定了严先生在“东亚文化”的感悟中常常有比较宽广的文化视阈。

想[1]，并且发表了两篇研究中日文学关系的论文，即刊载于《国外文学》当年第2辑的《日本古代小说的产生与中国文学的关联》和刊载于《北京大学学报》同年第5期的《日本古代短歌诗型中的汉文学形态》。这是严先生第一次试图从比较文学研究的意义上来揭示两种文学的关系，阐明日本古代文学中内含的中国文化的因素。《日本古物语的生成与中国文化的关联》，后来还被温儒敏先生和张隆溪先生收入合作编辑的集子中。严先生关于这一问题的论说，在当时尽管尚未超越传统的“影响研究”的模式，但是他选定日本古代文学中“叙事文学”和“韵文文学”两大部类，尝试从文学样式的立场上揭示中日两种异质文学间的“相互影响”和“内在联系”，实际上已经潜藏着日后他把“影响研究”提升为“发生学研究”的理念转换的契机。并且，他在论文中大量使用原始文献的研究方法，令审定论文的权威都感到吃惊，预示着以后他构筑起“原典性实证方法论”的方向。因此，这两篇论文一直到1999年还在被有关刊物转载，就不足为怪了。

二、从“文学变异”到“文学发生学”

严绍璗先生在使用传统的“影响研究”的模式试图达到他自己设定的目标时，很快就发现了这一模式存在的缺陷。1986年，他在上海社会科学院文学研究所的一个学术会议上，相当尖锐地批评了比较文学论著中大量“何其相似乃尔”的“平庸的表述法”，这表明他已经进入关于“比较的理念”与“比较的方法”的新一轮思考了。

---

〔1〕这一年的6月28日，我国三联书店《读书》杂志社在北京民族饭店举行“比较文学的理论与实践”座谈会。参加本次座谈的有朱光潜、黄药眠、李健吾、周珏良、陈冰夷、杨周翰、李赋宁、季羡林、严绍璗、温儒敏、张隆溪凡11人。除了最后三位当时还年轻外，在我国比较文学界再也没有过上述8位学界耆宿同时参加的比较文学学术会议了。同年《读书》第9期以“严绍璗提出创建具有自己民族特色的中国学派的构想”为《座谈会纪要》的一个标题，报道了我国比较文学学界第一次有学人提出“创建中国学派”的学术构想。

其实在此前一年，即1985年，严绍璗先生在《中国比较文学》第1期上发表了长篇论文《日本“记纪神话”变异体模式和形态及其与中国文化的关连》，首次明确地提出了文学与文化内在运行机制中所具有的“变异”的概念。论文以《古事记》和《日本书纪》为中心，探讨了日本“记纪神话”的宇宙观念和哲学基础，进而分析了神话所表达的“创世模式”。据此，严先生指出，“由日本最早的书面文献所保存下来的‘记纪神话’，作为古代日本最具有发展层次的神话群系，事实上是一组‘变异体神话’……即是以本民族的原始的神话观念作为母体，又融合进了异民族文化的若干因子而组成的一种‘新神话’”。在比较文学的“影响研究”中建立起“文学变异”的概念，并把它引进到东亚文学的研究中，是严先生学术理念趋向成熟的标志，也是他以后研究日臻完善而迈出的坚定和扎实的一步。

此后，他在《古代日本文化与中国文化会合的形态》这篇论文中，首次把日本文化的本质表述为“变异体文化”，他认为：“认识日本古代文化（文学）的本质特点，在于解明存在于这一文化深处的内在动力。如果从发生学的立场上去考察，可以说，这是一种‘复合形态的变异体文化’。”在《关于日本文化的变异复合性质》的论文中他进一步论述了文化的“变异”特征：“文化的‘变异’，指的是一种文化吸收另一种文化，并使之融解而形成新的文化的能力。文化的‘变异’特征所表现出来的对另一种文化的‘吸收’和‘溶解’，并不是一般意义上的理解。从生物学的发生学的立场上来说，‘变异’就是新生命、新形式的产生……并在高一层次上获得发展。”他以“变异体理论”为核心，研究东亚文学形成与发展的内在动力，并作为解读日本古代文学的基本导向。

1987年严绍璗先生出版了专著《中日古代文学关系史稿》[1]，这

〔1〕《中日古代文学关系史稿》，中华书局香港分局、湖南文艺出版社1987年版。

是我国比较文学研究者第一部以“变异体理论”为核心，从文学的发生学的立场上系统而全面地阐明日本古代主要文学样式的形成，并由此从本质上揭示古代东亚文学与文化相互关系的专门著作。日本著名的文学研究家早稻田大学松浦友久教授，在为该书的修订版所作的《序言》中评价此书说：“本书作者在充分地咀嚼了日本学者的研究诸说之后，充分地表达了作为中国学者的独立的见解。在大量把握先行文献的基础上，从日本学者所忽视的视点出发，提出崭新的论点，成为本书最贵重的特点。”这里所说的，正是严先生在书中作为基本理念的“变异体理论”。日本学者岩睦造砚则以《日中古代文化关系的新思维》为题，评论严先生的专著说：“《史稿》最重要的特点，便是从文学发生学的立场，着重于揭示文学深处的内在动力。严先生对日本文学，甚而对日本文化的这一内在的‘变异性’的揭示，有助于解释日本文化史上的现象。”其后，严先生在《中国文化在日本》，以及与王晓平教授合著的《中国文学在日本》、与日本文学会会长中西进教授合著的《中日文化关系史大系·文学卷》、与日本思想史学会会长源了园教授合著的《中日文化关系史大系·思想卷》等著作中，以及在近二十余年中发表的50余篇相关的论文中，再三阐明了他的这一理论观念，并以此作为解读日本文学文本，阐明日本文学发生学轨迹的基本原理。

严绍璗教授在文学的发生学领域中，依据他的“变异体”理论，对日本的神话、短歌、古物语的文学样式及具有典型意义的文本进行新的解读而取得的成就，令学术界肃然注目。他的研究成果的刊布，常常使学者感叹，“这就要重写日本文学史了！”1997年国家教委确定以严绍璗教授为首进行比较文学博士点学科项目建设“东亚文学的发生学研究”，这使他有可能将他自1994年末以来参加的中日韩三国学者共著《东亚比较文学史》的研究结合起来，实现学术理念的再深化和再发展。

严绍璗先生经过十余年的努力所形成的这一学术体系，把比较文学领域中传统的“影响研究”提升为以“变异体”理论为核心的“文学发生学研究”。文学发生学是关于“文学”生成的理论。我国人文科学领域中对文学的研究，大多都是在文学史的系统内加以展开，即是对已经生成的“文学文本”（包括作品与理论）进行研究。文学发生学，则更关注文学内在运行的机制，从而阐明每一种文学样式之所以成为一种独特的文学样式、每一种文学文本之所以成为一种独特的文学文本的内在的逻辑。在我国比较文学研究中，严绍璗先生是第一位以东亚文化与文学为对象，把对“文学的关系研究”提升为对“文学的发生学”研究的学者。

严绍璗先生通过三十余年的研究，实现了从“影响研究”到“变异体文学研究”到“文学的发生学研究”的转换与提升。他的这一系列的学术理念的形成与发展，从一个方面推进了我国比较文学研究的深入，尤其在东亚文学与文化的研究领域中，确立了具有中国研究者自身话语特征的学术体系。

三、跨越与汇通

严绍璗先生的学术研究横跨许多专业领域，从最基础的文献整理到最前卫的比较文学研究，都可以看到他的学术踪迹。

学界有人把严先生看成“文献学家”，他在汉籍古文献的整理方面所获得的成就使他成为一位当之无愧的文献学家。早在上世纪60年代前期，他在大学四、五年级时与同学吕永泽、许树安合作编纂（清人）黄本骥《历代职官表》的《索引》，在“文革”前的1965年由中华书局上海编辑所出版，“文革”后被上海古籍出版社重印过好几次。70年代中，他与孙钦善、陈铁民二先生合作完成了《关汉卿戏剧集》的整理。[1] 80年代开始，他30余次到日本、韩国和美国，

[1]《历代职官表索引》（与许树安、吕永泽合著），中华书局上海编辑所1965年版，上海古籍出版社1980年新版，1984年第3次印刷。《关汉卿戏剧集》（与陈铁民、孙庆善合著），人民文学出版社1977年版。

追寻流传在国外尤其是流传在日本的汉籍珍本，钩沉明代之前善本达一万几千种，出版了《汉籍在日本流布的研究》、《日本藏宋人文集钩沉》、《日本藏汉籍珍本追踪纪实——严绍璗海外访书志》以及《日藏汉籍善本书录》四部著作。[1]对文献典籍的追踪、调查和整理，为他比较文学研究的“原创性”理念和“原典实证的方法论”等的创立，奠定了最坚实的基础。

严绍璗先生又可以说是我国“国际汉学（中国学）”在“文革”后的学术复兴者之一。1980年他出版的《日本的中国学家》是我国“国际汉学（中国学）”领域的第一部学科工具书。1992年出版的《日本中国学史》又是这一学科的第一部学科史著作。[2]国家教委曾把严先生的“日本中国学”教学制作为36小时的录像片，作为全国大学相关专业的教学片。他受聘出任北京大学创建世界第一流大学“985”文科综合学术项目《二十世纪国际汉学（中国学）系统研究工程》的总主编。现在又先后被聘任为中国人民大学“国际汉学研究中心”学术委员会主任和北京外国语大学“中国海外汉学研究中心”学术委员会主任。严先生在“国际汉学”领域中的造诣，使他在比较文学的研究中掌握了极为丰富多彩的“话语”，构建了观察文学与文化的独特的视野。

同时，严绍璗先生在文化理论方面亦颇有造诣。他在北京大学的讲坛上主讲“历史文化论”有近三十年的历史了，主讲“比较文化史学”也已经有十余年了。由我国教育部和日本国际交流基金联合主办的“北京日本学研究中心”（设在北京外国语大学内）曾经约请先生每年为研究生讲授20余次“比较文化史学”的课程。其中，

---

[1]《汉籍在日本的流布研究》，江苏古籍出版社1992年版，2000年重印。《日本藏宋人文集善本钩沉》，杭州大学出版社1995年版。《日本藏汉籍珍本追踪纪实——严绍璗海外访书志》，上海古籍出版社2005年版。《日藏汉籍善本书录》（3卷），中华书局2007年版。

[2]《日本的中国学家》，中国社会科学出版社1980年版，1982年重印。《日本中国学史》，江西人民出版社1991年版。在此基础上2009年学苑出版社又出版了严先生的《日本中国学史稿》，60余万字。

他关于“人性的成因与展开即是文化”、关于“文化本体内含的时间二重性”、关于“文化传递中不正确理解的普遍性”、关于“民族文化本质的抗衡性”，以及关于“文化民族性测定的模式”、关于“神话时间测定的模式”等等的命题，皆是经典的课题。虽然一直有出版社约请严先生把这些思考和智慧写成专著，但是，他总是以“能力不及”为由，不写所谓“纯粹”的理论论文。其实，严先生的这些理论见解，都以更深刻也是更具体的形态，指导并贯穿于他的比较文学研究和国际汉学的研究之中了。

由于严绍璗先生把握对象国文化的学习与研究，使用的全都是日本古代典籍文本，主要以“日本文学”为对象，于是，学界有人就以为严绍璗是日本文学出身的研究者了。实际上严先生的研究与一般惰性文学史的表述并非一致。事实上，当严绍璗先生真正进入比较文学领域的时候，他已经明白，作为比较文学基础的“文本细读”与“文本解析”，一定是以某一民族文学文本为工作对象的。比较文学只有处在学术运作的过程中，才能显现其存在与价值。比较文学与国别文学的根本性区别在于，它不是以“文本”的形态存在，而是以“逻辑”的形态存在的。

走到这一步，人们认为严绍璗先生离开“原点”已经很远了。其实，严绍璗先生的学术步履中的每一次跨越，必然存在着相应的而且是必然应有的“通道”，严先生自己认为，他之所以能感知这样的“通道”存在，是因为这些有不同命名的“学科”之间，存在着事实上的连接，它们原本就是互相贯通的，把它们区划为“某”一个学科本来就是为了研究的方便而人为设置的边界，他只是把有些边界打通了而已。

2007 年，中华书局出版了严绍璗先生致力二十余年的《日藏汉籍善本书录》。《日藏汉籍善本书录》共计 380 余万字，从 1984 年正式起步以来，作者花费二十余年的心血，往返日本 30 余次，造访日本近百个藏书机构，搜集目前日本汉籍善本藏本约 80—85%，整理文献 10800 余种。该书从文化史学的立场出发，分经、史、子、集四部整理自古以来传入日本的汉籍善本，详细考察了其版本状态、保存机构、传递轨迹、识文记事、相关记载等，是我国出版的第一部全面著录日藏汉籍善本的大型工具书。许多人很吃惊，说："你怎么搞了半天比较文学，又回到古文献来了？"甚至有的学者为严绍璗先生所谓的"学术越境"而大光其火。其实，作为一个在上世纪 50 年代末和 60 年代初中期在北京大学中文系受到中国人文学术深厚教育的学生，严绍璗先生始终坚持这一基本准则，人文学术的一切研究，从根本上说，只有以文本原典为基础才是坚固的，他在学术通道中的行走，都是以这一理念为基本原则的。在五十年的学术生涯中，可以说，他从来也没有放弃过对原典文本的关注。但是，他心目中的文献原典，是具有生命力的"活物"，而不是停留在"编目"中的"死物"。因此，严绍璗先生对文献的认知，特别关注其与当地的民俗、文史哲状态、阅读者的心态、政治状态乃至经济状态等等的关联。严绍璗先生把这些大多著录在《日藏汉籍善本书录》中。日本明治大学教授神鹰德治先生在日本杂志《东方》第 329 期上专门发文，称严先生的"这部《日藏汉籍善本书录》与日本人编撰的《国书总目录》，好比是日本文化两轮车的两个轮子，恰好推进了对于日本文化的再认识"。事实上，《日藏汉籍善本书录》的内容，与"日本汉学／中国学"相关联，亦与"日本文化／日本文学研究相关联"。该书在文献考察的基础上，又以文本事实为依据，进一步论证了中日之间两千年的文化联系，为东亚文学与文化关系研究以及日本中国学研究奠定了坚实的文本基础。我国国家图书馆名誉馆长任继愈教授在为该书所作的《序》中，称赞严先生"用力之勤，功力之深，超过前人……以他在学术上的成，探索文化交流的宏愿，契而不舍的毅力，使他达到了文献整理的新天地"。而日本学者则感叹："这本来应该是由我们日本人做的事，现在却由一个中国学者完成了！"乐黛云先生以她敏锐的学术眼光，对这部书作出了高度评价，她认为这部书绝不是一般的"书目"，"其实是一部比较文化著作！"乐黛云先生的评价可谓一语中的！这部著作充分表明严绍璗先生不仅跨越了不同的学科界限，并且在不同的学科界限的研究之间实现了汇通与融合，从而把古文献学和比较文学的研究都提升到了一个全新的高度。任继愈先生称严先生的《日藏汉籍善本书录》"体现了现代学者治学的方法，透过中日汉籍交流的现象，揭示出文化交流的脉络"。严先生以宏观的视角和跨文化的立场，从文献的搜集和信息的整理当中，发现具有学术价值的命题，并进行学理性的研究和提升，逐步建构起体系性的学术理论。对严先生来说，把材料发掘出来仅仅是第一步，更重要的是把材料学理化，使之成为构筑学科大厦的砖瓦，这不仅需要学术的敏感，而且需要理性的头脑和深厚的知识背景及学术积累。

严绍璗先生在从事比较文学研究的同时，在掌握文化理论、追寻原典文献、阐述域外汉学诸方面均为比较文学研究奠定了坚实的基础。毫不夸张地说，在中国当代比较文学研究者中，严绍璗先生在东亚文学和文化研究领域中为中国比较文学界赢得了具有国际意义的声誉。

做人做事做学问

——记安平秋教授

林　嵩

2002 年 9 月，我考取北大中文系的博士研究生，导师为安平秋教授。记得在中文系研究生新生入学典礼上，安老师作为导师代表，做了题为《做人做事做学问》的发言。其主要思想之一是提倡年轻人不仅要专精学术，而且应当注意为人处事方面的修养。做学问，只是人生的一小部分；而做人、做事，则是任何时候都无法回避的。安老师在发言中特别引用了明代学者吕坤所说的“肯替别人想，是天下第一等学问”，作为给新生们的寄语；以后又几次在不同的场合引过吕坤此话，还特意打印在纸上分发给本专业的青年教师与我们几个博士生。毕业以后，我有幸留在中文系工作，和老师接触的机会更多。如果说刚入学的时候听闻吕坤的话，还只是把它当做一句不寻常的警语；而今随着阅历的逐渐增加，特别是在老师言传身教之下，对于“做人做事做学问”也逐渐有了更深一些的理解与体会。

如果仅从字面上理解，“做人做事做学问”是三件不一定相干的事情，或者说是读书人三个方面的工作。三者之中，哪一个最重要呢？按《左传》中的说法：“太上有立德，其次有立功，其次有立言；虽久不废，此谓不朽。”不仅把人的美德、懿行与嘉言列为“三不朽”，而且明确排出了座次。这种排序方法，不需要多做解释，绝大多数人都会赞同。到了三国的时候，曹丕又提出一个新鲜说法：

"盖文章，经国之大业，不朽之盛事也。"曹丕虽然没有否认"立德"与"立功"，但他确实把"立言"（或者说"做学问"）提高到了一个无以复加的地位；这个观点应该更能得到文人们的认同。

"做人要厚道"，这是社会的共识；"做学问"则理所当然是读书人的本分，多数人也还是重视的；三者之中，惟有这"做事"一项，向来不太受到关注。尤其是在高校与科研机构，多数人向往的是"清流美职"，而不愿染指俗务。在我们的身边，既不乏和蔼可亲的宽厚长者，也不缺学有根柢的名家大师；但平心而论，愿意承担社会工作又的的确确能为大家"做事"的人却并不是很多。而从我们与安老师的日常接触来看，对于"厚道人"这一考语，他向来是当仁不让的；至于"学问家"的称号，他常谦虚自己的学术成就还很不足；而他本人最看重的，还是当年魏建功先生对他做事风格的评价——"圆到"。我听说，他在这个基础上，曾写下了"沉稳、干练、坚忍、圆到、有后劲"，作为对自己办事风格的要求。我想，这也是他能同大家一起做事，得到大家信赖的原因之一。

一、团结大家做事

在古文献学界，安老师给人的第一印象，是一个能够团结大家一起做事的带头人。从 1983 年参与创建全国高校古籍整理研究工作委员会（"古委会"），安老师先后担任"古委会"的副秘书长、秘书长、副主任与主任，在组织协调全国高校的古籍整理研究工作方面成效卓著。古文献学界的人很熟悉的"七全一海"（即《全唐五代诗》、《全宋诗》、《全宋文》、《全元戏曲》、《全元文》、《全明诗》、《全明文》与《清文海》等八部断代诗文总集），便是由"古委会"重点规划、组织与资助的项目。这些大项目中凝聚了安老师的不少心血。

"七全一海"中的《全宋诗》是由当时的北大古文献研究所承担

安平秋先生

的。《全宋诗》的项目能够落到北大，是综合考虑了北大古文献学的研究实力与其学科发展的长远规划。在这一过程中，安老师不仅做了许多平衡协调工作，而且还参与了项目的前期工作，包括主持人的确定、全书体例、编纂条例、全书选目、断限和运作的方式。但在项目上马运作起来以后，安老师虽然还帮助《全宋诗》做工作(如促成“宋诗班”研究生留校工作)，但在名利上却有意淡出。90年代初，《全宋诗》第一批书出版时，项目的几位主要负责人认为安老师应署名为主编之一，他坚辞不就。傅璇琮、孙钦善、倪其心三位先生到“古委会”主任周林同志家，请周老说服安老师；安老师仍然坚持不做主编，只在编委中署名。最后连周老都说：“我也没办法了，尊重他本人意见吧。”

上个世纪90年代，整个社会的风气是比较浮躁的；即使是在北大，人文学科也没有受到应有的重视。1999年教育部开始在高校中设立重点人文社会科学研究基地，以加强对人文社会科学研究的投

安先生与师母和学生们聚会（后排右起第二人为本文作者）

入与支持。年底，由北大古文献学研究所与“古委会”秘书处的人员重组建立的北京大学中国古文献研究中心获准成为第一批全国普通高等学校人文社会科学重点研究基地；安老师出任研究中心的主任。当时，北京大学仅有这一个重点文科基地；迄今为止，全国高校中古文献学学科的重点基地也还只有北大古文献研究中心这一家。北大文科院系中，研究实力强的很多，就全国各古籍所来看，实力超过北大的也不是没有；但是，能够符合教育部的要求，特别是能够整合学术力量，拉起一支过硬队伍的单位，在当时和现在来说，都还是不多见的。在 1999 年古文献研究中心能够拔得头筹，这既得益于“古委会”在业界的口碑与人脉，更离不开安老师长期以来低调而务实的工作。

安老师个人的学术专长是《史记》研究。大约也是在十年前，为了推动《史记》学的发展，在原先几个与司马迁或《史记》相关的地方性研究协会的基础上，聚合成了一个全国性的《史记》研究会。会长的人选，大家又公推安老师。这除了考虑安老师的研究专长与名望之外，最重要的原因便是大家对他办事公正和组织与协调能力有充分的信任。十年来，《史记》学会除了坚持每年召开一到两次学术会议并出版会议论文集之外，还组织了一批集体协作的项目，如2005年由华文出版社推出的张大可、安平秋、俞樟华联合主编的十四卷本《史记研究集成》。此前，华文出版社还于2002年出版了他们三位主编的《史记教程》，这本教程的分章撰写者主要也是《史记》学会的成员。作为国内第一本《史记》学的专门教材，《史记教程》有开创之功。书在出版之后很快售罄，也证明它受到大家的欢迎。但是作为安老师的学生，我们知道安老师其实完全有可能在更早的时候，出版一部同样受欢迎的高质量的《史记》教材。

安老师在北大中文系讲《史记》课已经三十年，当年听过安老师课的本科生，有些早已经成了知名的教授。安老师累年积攒下的《史记》课的讲稿，有些装在牛皮纸大信封里，有些装在塑料文件袋里，有些就用长尾夹简单夹一下，加起来总有两个手提袋的样子；稍加整理，足够出版一部有分量的专著。在80年代和90年代，赵守俨先生、裘锡圭先生分别通读了讲义的全稿，给予了肯定和赞赏，也为早日出版提出了具体意见。至今安老师的讲稿上还留有赵、裘二位先生用铅笔写出的极有价值的意见与批语。他们认为讲稿稍加修改就可出书，但安老师仍觉问题很多而没有交给出版社。

安老师的讲稿，不仅我们学生读过，有些研究《史记》的同行也曾看过，并且还在相关论著中采用了讲稿中的一些观点或表述。对于别人采用自己未出版的讲稿的做法，安老师并不介意，甚至有时还主动提供出来给研究生写论文用。可是作为学生，我们总觉得安老师教了三十年的《史记》课，竟没有出版一本属于自己的《史记》专著，这始终是一件遗憾的事情。现在海南师范大学的张兴吉师兄，对于这一件事情尤其上心，多次表示愿意帮助安老师整理讲稿，甚至已经复印了一批讲义带回海南整理。但是由于安老师的工作忙，所以事情总还是一拖再拖。我想这其中最主要的原因还是安老师自身对于出讲义的事情并不十分热忱。相比较于个人出成果，他可能更看重的还是团结大家一起做些事情。

近年来，安老师与北大中国古文献研究中心的同仁所做的另一件大事是对海内外所存藏的中国古籍，特别是对其中最为珍稀的宋元版古籍进行普查，并有选择地复制出版。这其中最有代表性的成果当属《日本宫内厅书陵部藏宋元版汉籍影印丛书》（一至四辑）。这套丛书是在全部复制回来的日本皇家所藏的144种宋元版古籍中，选辑了尤为珍贵的70种影印线装出版，每种书前各附一篇有学术质量的叙录提要：整套书既有版本价值，又有学术意义，曾经荣获中国图书奖。

2008年时，安老师在五院报告厅做过一场关于海外汉籍的学术演讲，当时我负责替安老师演示电子幻灯文稿。演讲完毕后，有一位听众显然对《宫内厅》的项目很感兴趣，他当场提了一个问题，就是把这批珍贵古籍复制回来，究竟花了多少钱？安老师的回答是：影印这些古籍本身，日方并没有收取我们的底本费。我们一方面是依靠了日本的一些朋友，是凭借了多年的交情；另一方面是全国高校古籍整理工作委员会与中国古文献研究中心的有关人员，反复地做工作，不断与日本方面交流协商，才结出了硕果。（安老师回答的原话我没能全记下，但以上的大意应该是准确的。）

由于我参加工作晚，在我入职时，《宫内厅》的项目早已取得了阶段性的成果；老实说，《宫内厅》的书是靠交情和不断地打交道复制回来的，底本复制并没有花太多钱这一答案，我本人也是头一回听说，听说之后也多少觉得有些意外。我之所以对这个问题有比较深刻的印象，还因为就在那前后，国内新闻界正沸沸扬扬地争论圆明园生肖兽首的回归问题。究竟是花大价钱把这些流散文物买回来，

安先生在美国国会图书馆访书

还是据理追讨？从当时讨论的情形看，业界似乎也还没有一定的结论。海外存藏的古籍与文物有类似的地方，即它们流散到海外的途径是多种多样的（过去强调的被侵略者掠夺或盗买，这只是一个方面）。同样地，我想流散古籍的回归途径与方式，也应该是多样化的。要做好这项工作，国家在资金与政策上的支持只是必要条件之一，期间更需要创造性的智慧与耐心细致的工作，甚至还需要感情上的投资与真正的友谊的培育。从这个角度讲，安老师及项目组对于《宫内厅》复制工程的运作不仅是成功的，而且是有一定的典范意义的。

二、懂多大人情，做多大学问

关于“为人”与“治学”的关系，历代学者早有许多评论。老北京擅说评书的艺人连阔如曾有一句艺诀：“懂多大人情，说多大书。”天下事情常有相通之处；我把这艺诀的后半句改动了一下，叫做“懂多大人情，做多大学问”——这是我听安老师讲课以及从他的言传身教中所得的又一点体会。

安老师在《史记》研究方面最突出的成绩，当然要数他对《史记》版本的考述。他在上个世纪80年代发表的近4万字的《史记版本述要》论文，是几百年来《史记》版本研究的总结，是一篇全面、信实而又简明的《史记》版本研究力作，至今仍被同行参用。邓广铭先生、季镇淮先生对这一论文给予了极高的评价。邓广铭先生还亲笔写了很长的评语，并说“只这一篇就够当教授了”（当时安老师还是副教授）。日本学者池田英雄在《〈史记〉学研究五十年》一书中说：安平秋的《史记版本述要》这一“优秀的论文”，“阐明了《史记》各本间的关系、探讨了古本的源流及对后世版本的影响，系统说明了两千年间《史记》承传的轨迹”。日本著名的版本学家尾崎康先生也有过类似的评价。安老师曾到日本大阪的杏雨书屋查阅宋版《史记》；尾崎康先生特意写了推荐信，信中对安老师在《史记》版本方面的研究成绩也极表赞许，称他为当代“中国《史记》版本研究的第一人”。

安老师的学生中，也有好些位能在《史记》的版本研究方面继承安老师的工作，如暨南大学的张玉春教授与海南师范大学的张兴吉教授。我对《史记》版本的研究不熟悉；我个人听安老师《史记》课的感受则是：安老师讲《史记》，在“通人情”方面也是一大特色。

记得安老师在课上讲到贾谊“受釐坐宣室”时，不仅举了李商隐的诗句“宣室求贤访逐臣，贾生才调更无伦。可怜夜半虚前席，不问苍生问鬼神”，同时还把苏轼的《贾谊论》复印给大家参考：“非才之难，所以自用者实难。惜乎贾生！王者之佐，而不能用其才也。”贾谊无疑是西汉时代具有远见卓识的第一流知识分子。贾谊的人格不能说不完善，学问更不能说不好；他之不为世用，除了归咎于文帝的不识才，也与他不通人情、不善做事有些许关系。安老师在课上引用苏轼的《贾谊论》，既是为了诠解《史记》，我想同时也有一些砥砺我们年轻人的意思吧。

读书讲史，离不开对人情世态的观察与评论，这是“懂多大人情，做多大学问”的奥妙所在。这里我还想举个小例子，即关于太史公遭李陵之祸的评价问题。有的学者认为，对于李陵，司马迁终不免有回护之嫌。也有学者认为，在一派迎合汉武帝、指责李陵的声浪中，司马迁出来说话绝非明智之举。对于这个问题，安老师的说法是：

> 司马迁并没有说投降是对的，只是说李陵在万不得已的情况下才投降匈奴，相信他会“得其当以报汉”，在基本是非上是清楚的。但基于平素对李陵的了解和战况的分析，司马迁没有随声附和，更没有落井下石，说明司马迁为人正派，分析事理公正。这是史官应当具备的“不虚美不隐恶”的品质。(《史记讲稿》)

这几句看似平常的话，不仅点明了是非问题，更道出了太史公的人格魅力与良史应有之风骨。在生活中，安老师一向是敢于说真话、能说公道话的人；安老师对太史公遭李陵之祸能做此推心置腹的解读，既源于他对人情世态的洞察，也可说是他平素为人处世之道的一点反映。

三、天下第一等学问

“人情”与“学问”之所以有密切的关系，我想根子上还因为人文学科的研究对象是人本身。人文学者要想取得一定的成绩，既要有学识的积累，同时更离不开社会阅历与人生感悟的辅翼。从这个角度考虑，做人做事与做学问，并无本质的区别；吕坤说的“肯替别人想，是天下第一等学问”，实际上已经把这三者贯穿了起来，做人做事也就是在做学问。借用《红楼梦》中的话说，便是“世事洞明皆学问，人情练达即文章”。

1994 年 10 月，为了纪念于 1993 年去世的美国密歇根州立大学文学院杰出教授、著名唐代文学研究家李珍华博士，由李教授的夫人、生物学家 Lucy Lee 教授，密歇根州立大学文学院与中国高校古籍整理研究工作委员会联合发起，在密歇根州立大学举行了第一届“纪念李珍华教授学术演讲”。安老师是首届演讲的主讲人，他演讲的题目是《唐代的诗人与秋天》，这份讲稿现收在卢伟先生编著的《李珍华纪念集》中。

唐诗研究，并不是安老师的学术专长，而他之所以要在美国演讲唐诗，是考虑到李珍华教授是一名唐代文学的研究家，同时还是一位诗人，而且他生于秋天，逝于秋天。可以说，选择这个讲题，完全是从纪念李珍华教授的立场出发的。为了准备讲稿，安老师爬梳了一千多首描写秋天的唐诗，还开了几个晚上的夜车。今天我们重读讲稿，其主要内容无非是对唐诗的一些鉴赏评析，从纯学术的角度看，也许并没有什么特别之处；但考虑到演讲所关涉的其人、其时、其事，听众却不难体会到演讲者的良苦用心。

> 唐代的秋怀诗中也有对逝去的友人的怀念。唐代李侍郎生前曾赠送白居易一顶帽子，帽子是黑纱制成，白居易一直留着，而李侍郎却已逝去，其后秋风正起，白居易将帽子戴在头上，想起了李侍郎：“昔君乌纱帽，赠我白头翁。帽今在顶上，君已归泉中。物故犹堪用，人亡不可逢。岐山今夜月，坟树正秋风！”（《感怀纱帽》）一顶帽子有价，而纯洁的友情和对友人的真挚思念，却是无价的，是传之千古而令人珍惜的！人间追求的不正是这种真诚的情意吗！（《唐代的诗人与秋天》）

秋天正是密歇根最美的季节，当此风动落木的飒爽秋夜，听到“岐山今夜月，坟树正秋风”的诗句，又怎不令人悄然而兴秋水伊人之思。从1994年开始，纪念李珍华教授的学术演讲已经连续举办了十六届。每届演讲的主讲人与讲题，安老师都要与身边的同事反复斟酌，并详细征询Lucy教授与密歇根州立大学的意见。纪念李珍华教授的系列演讲，并不能算是多么盛大的学术活动，但连续十六年乃至更长的时间，每年的秋季，在大致相同的时间与地点，用相同的方式，纪念一位逝去的朋友，试想这竟是怎样一种学问呢？

（附记：本文在命笔之初，曾经征求过刘玉才、卢伟、杨海峥等几位学长的意见。大家一致认为，“做人做事做学问”这个题目不仅可以概括安老师一贯的言行思想，也反映了安老师对学生们的期许与要求。几位学长还为本文提供了一些宝贵的资料，并提出修改意见，谨致谢忱。需要说明的是，本文只是学生后辈对安老师为人治学特点的一些浅见；文中的表述或理解如有不当之处，责任均应由执笔者来负。）

2010年6月22日

北大人物：温儒敏先生

高秀芹

我在北大读书期间，除了导师谢冕先生外，交往最多的老师就是温儒敏教授，以致很多人都以为我是温老师的博士生，我需要解释才搞明白。而温老师也把我当做他的学生，很多事情都让我去做，比如他当年主持的“孑民学术论坛”，都安排我去接待邀请的专家学者。他对自己的学生说，让高秀芹去，我放心，很有点“你办事，我放心”的口气了，我越来越不敢懈怠，只要温老师交待的任何事情，我都会很漂亮地完成，那份难得的信赖让我对自己要求很高。

因为温老师就是一个对自己要求很高的人，作为王瑶先生的第一批博士生，1978 年他从广东韶关来到著名的北京大学，那一年他已经 45 岁，人生的很多好时光都在边远而繁杂的工作中度过，对文学的向往和追求让这个已过而立之年的广东人又一次踏上了北上的道路。多少年后，当我在人生的低谷对学术发生动摇时，当我一次次感到自身的无力和惶惑时，温老师就用自己的人生经验劝慰我们，不要气馁，你们才多大呀，我像你们这么大的时候，还没有到北大读书呢。他总是用自身的经验来教育我们，在他看来，那些大理论、大道理，都不着边际，不关乎人生，唯有切身的体会和经验对后学者有启发。这也引发了他的知人论事、推己及人的考量方式，他总是坦诚的、友善的，他看到的是这个世界里潜藏的情感和内在规则，所以，对很多事情的看法，他总是有自己的判断，总是能看到一般人没有看到的东西，有时甚至是执拗的、奇特的，但是，他也坚持自己的见解和看法。我们在一个启蒙主义的高蹈教育下有时甚至背离了人生常态，他总是要在对岸河上看着我们这些勇往直前的人，给予我们一些忠告和建议，有的人甚至会觉得他是多么的落伍呀，他怎么在背离北大的传统，多少年了我们给予的教育都是要批判现实、批判人性，他却要我们先适应现实，不要到一个单位就什么也看不顺眼，你还没有来得及批判就没有立锥之地了。他看到的是人生和现实的常态，他希望我们在现实中是脚踏实地的，在文学和理想中是具有超越性的、批判性的。有多少学生理解他的苦心，到现在我也不知道。

但他还是坚持自己的理念，他到底是一个执拗的人，甚至有点固执，他一旦认定一件事情，是要坚持到底的。他是广东的客家人，这点脾气和性格是好好地保留下来的；他却时时要我们做一些妥协，我想这是他对自己的言说，我们只是作为他最好的听众来倾听，他总是想把他最重要的人生经验灌输给我们，有谁能理解他的苦心呢？好在他心底无私，光明磊落，不管主持出版社的工作还是中文系的工作，他都能以慷慨之心来做公正之事。一个人能做到真正的公正和坦荡是多么艰难呀，他却能做到。他的口碑是有目共睹的。他从来是对事不对人，他可以跟人争执得面红耳赤，过后评价起这个人时，他还是公正无私，不带有任何个人偏见，能做到这一点的人也不会很多。

他主持中文系后，提出守正创新的理念，既坚守中文系长期以来形成的理念，同时在新的时代环境下有所发展和创造。我在不同的场合听到别人对他的评价，说没有想到温儒敏的行政能力这么强，大家都忘了他还是一个著名的学者，好像他天生就是一个职业革命家，他有一套自己的现实法则和人生理想，这些都使他做事底气足、有魄力；他也深知在中国移动一块石头都要付出代价，所以，他又

温儒敏先生一家

时时跟现实做妥协和交流，他在理想和现实的交往理论中获取了最大的成功。

可是，在内心深处他却是极端富有诗情的人，从本质上说，他是一个现实中的诗人，只是他的诗情深深地潜藏在某个隐秘的部落里，很少在现实中流露而已，这是我的一个基本判断。我是从他日常生活中的语言判断出来的，比如，他见到我的孩子，会很温情地说：多好的小孩呀，长得像一首诗呀。我听了心中一热，谁会这么描述一个花朵一样的孩子，只有温老师会，他会用诗意化的语言来表达现实中的事物，我仿佛看到了他内心涌动的激情。他在平常的事物下面会看到与众不同的东西，然后用很奇特的语言来描述，不是诗人又是什么？后来，我果然在一个报纸上看到了温老师当年写的现代诗歌，还配了他一张像五四青年学生的温情脉脉的照片，估计这张报纸没有多少人看到。很多人都看到温老师现实的一面，没有看到他理想的一面，看到他散文的一面，没有看到他诗情的一面。

文如其人，字如其人，在温老师这里，是名如其人，温、儒、敏，温情、儒雅、敏捷，他性情温和、形象儒雅、思维敏捷，三种状态，很自然很贴切地涵容在他的名字中，估计很多人会从他的名字猜度他的样子，见到他不会失望的。我在山东的时候，就读过他写的《中国现代文学三十年》和《中国现代文学批评史》，看到这个叫温儒敏的名字；到北大读书后，到镜春园的家去拜访他，他那时住在镜春园东厢，窗外修竹，门前菊花，很有读书人的趣味。这间房子成为我读书期间经常拜访的地方，散步的时候我会敲开镜春园主人的家，进去喝杯茶，请教一个问题；鸟在修竹间鸣叫，野猫在墙上跳来跳去，师母王老师喜欢猫，经常喂养徘徊在镜春园周围的野猫，一到吃饭时候，镜春园 82 号院外会有许多猫，这样喂养了很多年。直到后来温老师搬到蓝旗营，镜春园的院子空了，竹子也枯黄了，菊花也荒芜了；偶尔路过镜春园，我会停下来，向院子里看看，看到那扇经常打开的门，我的心头还会一热。

垂拱而治

叶君远

旧地方志往往用一两个字标明地方治理的难易程度，难度最高的用“剧”。“剧”含有事物丛杂、职务繁重、治理艰难等多重意思。当过教师的人都不难体会，管理中文系文学专业77级这个班，就用得上这个“剧”字。一是学生年龄差距太大。大的过了“而立”之年，有的已经娶妻生子，最小的才十六七岁，还没有走出青春期，几乎相差一代人。大的入学前五行八作，干什么的都有，工人、农民、教师、银行职员、警察、军人、编辑、干部……多数人还插过队，颇见过一些世面，面相上就带着沧桑。小的从中学直接升入大学，尚未在社会上混过，嫩面孔上显出青涩。大的、小的，各有各的心思，各有各的追求，各有各的问题。二是恃才傲物者多。许多人在原单位都是舞文弄墨的秀才，有的还发表过小说、诗歌，顶不济的，作文也上过报纸。人人自谓抱灵蛇之珠、怀荆山之玉，自然“天低吴楚，眼空无物”。想想看，几十号自以为是的家伙凑在一起，文人相轻，你争我斗，是不是难得和谐与平静？

幸运的是这个班遇上了张剑福老师。

头一次见老师的情景有点模糊了，印象稍深的，一是其额头宽且亮，好像已经有点谢顶。二是脾气好，说话带着笑，斯斯文文，间或还露出一丝腼腆，待学生平等，绝无一点架子，说话用商量的语气，让学生顿生亲切感。

可就是这个从来不会疾言厉色的老师，三下两下，就把我们班理顺了，像善于调和鼎鼐、燮理阴阳的高手，不露声色，一切搞定，并很快见出成效。一年之后，文学 77 级补评为三好先进集体，受奖一块镜屏。这镜屏如今或许还能找到，那是“见出成效”的有形证明。还有无形的，是每个人都能感受到的班风：端正、团结、融洽、刻苦向学，同时也很活跃、自由、不失个性。

张老师的管理很有些“垂拱而治”的味道。垂拱而治，容易误解成不花力气，无所作为，放任自流，水到渠成。其实要“治”，哪有那么便宜的事儿。“垂拱”是一种境界，那是在下功夫研究了治理对象、对对象了如指掌之后的胸有成竹，是凡事想在前面、一切都应付裕如的从容淡定，是善于因势利导、因人制宜却不显山露水的明敏睿智，要达到此种境界谈何容易。

我们班大约很少有人没去过张老师那间狭窄的宿舍了，记得他当时住在 32 楼东边很近的一座筒子楼里，进楼门左拐，穿过昏暗的楼道，居中靠南，一间斗室。因为近，举步之劳，很多学生常去，有时不请自到，闲聊。第一年我和老颜可能去的次数最多，多数是谈班里的工作，具体谈些什么早已忘记了，倒是有一次随意聊天让我记忆犹新。那次聊起“文革”往事，张老师讲了孙玉石老师如何面对威胁刚正不阿，决不出卖老先生，而有的人却为了自保，向老先生身上泼污水。他提醒我们，与人交往，包括向老师请益，首重人品人格。那次聊天之后不久，我就到孙玉石老师家中拜访，请教治学之道。后来我曾向许多人转述张老师的告诫，足见那次聊天对我影响之大了。聊天多了，一个强烈的感觉是张老师对大多数同学的脾气秉性、兴趣特长、原来的求学和工作经历、家庭情况了然于心，这种知根知底的了解显然不是仅凭档案就能获得的，多一半来自不拘形迹的倾心交谈。

“垂拱而治”，关键在于善于用人，而善于用人必基于对人知根知底的了解。

最初的班委会、党支部成员大体是根据张老师的提名选出的。这两个班子的组成，很可以见出张老师如何用人之长。多才多艺的李彤担任学习委员，精力充沛、精细干练的丁复担任生活委员，充满热情而又富于组织能力的小刚担任文体委员，诗人气质、生气勃勃的小聪担任宣传委员兼任团支部书记，为人方正率真的张鸣担任组织委员，年龄不大却有大姐风范、人缘极好的北玲与小岑作为女生代表（忘记两人的分工了），无不适宜。老颜和我，一做书记、一做班长，其宜在“老”，年岁最老、面相最老，插队时间最长，党龄最长，起码表象上显得老成持重，容易让人感觉可信可靠。

张老师用人不疑，放手让学生自己管理自已，遇到大事、棘手的事、容易起争端的事，例如入学之初，新生与工农兵学员的大讨论，他也只是婉转地提醒须稳当一点，并不指手划脚，过分干预。而越是这样，学生反而越是尊重他的意见。管理者开明，氛围自然宽松，海阔天空，任凭鱼跃鸢飞。入学不久，技痒者就酝酿创办文学园地，好一试身手；也弄个组织，好与同道切磋。最初利用 32 楼对过那面长墙小试牛刀，搞成了本班作品专栏，间或也转贴外界妙文。诚如小岑所言：那真是当时校园里的一道风景，每逢吃饭时间，32 楼前就挤了很多人端着饭碗在那里边吃边看边评论。继而成立了文学社，小说组、诗歌组、评论组，每有新作，必评头品足，奇文共赏，疑义相析。随之创办了油印刊物《早晨》，作品不再局限于墙壁一隅，可以“一夜成名满校知”了，还寄到外校中文系“交流”。北大全校范围的“五四文学社”和社刊《未名湖》均是后起，恐怕谁也否定不了中文系 77 级文学专业的先导作用。完全有理由说，北大“文革”后的校园文学是由我们班发轫的。如今回想起来，仍感到自豪，可是也容易忽略、淡忘了张老师所承担的风险。别忘了，当时十一届三中全会尚未召开，当局左右两股政治力量还在较量，政治气候乍暖还寒，尤其意识形态领域一向奉行“宁左勿右”方针。由是观之，我们班的举动很有点出格。某些针砭时弊、言辞尖锐之作，竟公然上墙（容易让人与西单“民主墙”相联系），致极左派眼中之“谬种”流传。后变本加厉，自作主张，成立了组织，办起同仁出版物，无不触犯忌讳，有“自由化”之嫌。倘若追究起来，班主任必定难辞其责。为规避个人风险计，张老师完全可以“学生应当把精力放在专业学习上”为托辞，对以上活动加以掣肘。但是，张老师没有一事阻拦，没有一句非难，默许中的承担，分量其实很重，默许中的心灵相通，胜过了万语千言。

入学第一年，大大小小许多事，张老师就这样一以贯之地以一种含蓄内敛的方式对待和处理：消极的，大事化小，小事化了；积极的，不动声色地给予鼓励与推动。时间久了，这种含蓄内敛的方式就显出它的劲道，所谓“桃李不言，下自成蹊”，慢慢将风气导向正心诚意，导向追求学问、追求大气与大度、提高自身品位与人生境界。

张老师的感情表达也是含蓄内敛的，不喜张扬，不大流露。但对学生的关心，真诚实在。小岑保留着一封信，是第一个暑假张老师写给她的。因为一准会勾起许多人的回忆，我把它录在下面：

小岑：

你好。我们到山以后一直很忙。今天才乘小姑娘睡觉时写这封信。我走那天，吴北玲同学说她去站台送行。我上车时因为带的东西较多，顾不上去找她，匆忙间离开了北京。不知道她那天中午到底去了没有？尤其是她说和孙立哲同志一道去，如果两人真的去了，那就更加抱歉了。请你见到她时询问一下，代为致意。

黄蓓佳、张继凌及留校的诸位同学可好？暑期留校，当以休息为主，不可较平日更为紧张。吃冷食和睡觉时都要注意，小心着凉。

李志红出国的事情通知到本人了吗？

祝夏安！

张剑福

七月卅日

短笺所言琐琐细细，那么多的记挂、那么周到的叮咛，虽然已过去三十年，读来仍感到温暖。为师如此，难怪学生都把张老师当成了知心朋友，当成了我们中间的一员，什么话都可以说，不拘俗礼，甚至忘记了师生的名分。

79 年 9 月，我考到人大，但仍常常到北大听课，班里的活动也经常参加，所以也常常见到张老师。印象最深的一次是毕业前在王小平家中午餐，一向内敛的张老师喝醉了，李彤“纪事”中说“是因为同学们想从他嘴里套问分配结果，而张老师要守口如瓶，精神高度紧张”。我却一直认为，一半是因为终于可以放下我们班这个担子，猛地轻松了；一半是因为即将与相处四年的学生分开，有些伤感。

毕业后，同学分散各地，时时彼此挂念。不知别人怎样，我的远端记忆变得模糊，小学、初中同学能叫上名字的已经没有几位，高中同学倒是全部记得，但多数久未联系，印象渐渐从大脑皮层中淡出。唯有大学同学，每个人的音容都鲜活地刻在心上。这大约因为在一起时年岁大了，对人的理解深了，又有过一段同吃同住、朝夕相处的岁月。班主任，小学到大学，也是感觉张老师最亲近、最知心。前几年，张老师做了心脏手术，很为他担心；术后身体有了起色，又为他高兴，心中默祷，祝他彻底战胜疾病。后来同学间联系，也常常互相通报张老师的身体状况。我知道，中文系文学专业77级每一位同学都发自内心地祈望他完全恢复健康。

（原载《文学七七级的北大岁月》）

真淳渊雅是吾师

——晓音先生旁记

李鹏飞

1994年上半年，孙静老师和葛晓音老师一起给我们那一级学生讲《中国文学史》第二段。轮到葛老师讲唐代文学的时候，已经是5月份了。

几堂课下来，我们便发现葛老师的风格跟前面讲魏晋南北朝文学的孙静老师截然不同：孙老师温柔敦厚，语调和缓，娓娓道来；葛老师则言语犀利，嗓音清亮，中气十足，自始至终情绪饱满、思路极其清晰。晚上回到寝室，大家照例要议论当天的课程。一个室友总结说：葛老师的词汇特别丰富，"成语"一个接一个……

至于究竟如何丰富，我们当时并没道出个所以然。直到有一回我去拜访汪春泓老师，正好有另一位年轻老师也在，不知怎么说起葛老师来，这位老师便很精辟地指出："葛老师讲课特别善于运用四字句，而且这些四字句都是从古代的文献里提炼出来的。"

经他一点拨，我才恍然大悟。从此上课便特别留意，发现果然四字句很多，比如葛老师在总结李白诗风时用了一个词"壮浪纵恣"，我到现在都还清楚地记得她说出这个词的声音。后来看胡应麟的《诗薮》，发现这个词正是从这本书里来的。等到大学毕业后成为葛老师的硕士，开始读她写的书，发现葛老师从前代诗文提炼"四字句"的本领实在高强。这些四字句读来铿锵有力，具备特殊的表现力。一位写新诗的朋友跟我说：海子的诗也喜欢运用四字句，形成很强的节奏感。我由此想到：葛老师对四字句的偏爱大概也与她敏锐的语言感觉有关吧。

那一年的6月份，天气就变得很热了。一个细心的室友突然像宣布重大秘密似的对我们屋的几个人说："你们发现没有，葛老师那把折扇上无字无画，是一把空白纸扇。"于是我们上课时便仔细观察，那个时候教室还没有空调，连电风扇也是后来才装的，葛老师大概很怕热，一边讲课，一边拿着一把白色的折扇扇着，上面果然什么也没有。这是为什么呢？我们便开始热烈地探究其中的奥妙，甚至上升到很高的理论高度，把当时刚学的中国画讲究"留白"之类的理论都搬出来了。

这时，有几个擅长打探各种消息的同学也开始陆续搜罗到葛老师的一些逸闻。比如葛老师早年曾跟她的舅公钱松岩先生学过画画，钱老先生对葛老师的聪明大加赞赏，说：晓音做什么都会做得很好的。葛老师考入北大以后，虽然改学中文，但这特长并没有丢。她毕业前夕正好赶上"文革"，被学校派去画毛主席像，当时校园里的毛主席像大都出自她之手。我们虽然不可能看到那些画像，但很快就在课堂上领略到葛老师的绘画才能。当她讲到岑参的"江云入袈裟，山月吐绳床"两句诗时，说后一句很有构图感，边说边拿粉笔在黑板上三下两下便勾勒出一幅素描图：一轮巨大的明月映出山僧在绳床上打坐的影子。大家立刻明白了这句诗的妙处，发出恍然大悟似的感叹。

等到我上硕士以后，有一回去帮葛老师搬家，葛老师清理报刊资料时，翻出一张发黄的图片，拿给我看，画的是周总理在病床上读报的情景。葛老师说，这是她"文革"结束后不久在河北兴隆县文化馆工作时画的。当时河北省正为庆祝建军七十七周年筹备画展，她就画了这幅画交上去，承德地区的领导审查时说："你怎么能把总理画得这么憔悴呢？总理应该是红光满面的嘛。”葛老师回答说：“总理都病成那样了，怎么会红光满面呢？”就坚持把一张“憔悴”的总理像送上去了，没想到不但参加了画展，还被全票选入这次画展的作品选，由河北省美术出版社正式刊印出来。

到大三的时候，我们开始撰写学年论文，选定题目之后自己找指导老师。我因为对唐诗感兴趣，便选了李贺诗，跟另一位同学一起去找葛老师指导。事先打电话征求她的意见，她一听就满口答应了，还热情邀请我们到她家里去谈。我们便去蔚秀园的公寓拜访葛老师。我们敲了门，门很快开了，葛老师用她特有的热烈高亢的嗓门连连说“快请进”“快请进”，便把我们让进一个房间。现在还记得靠西侧墙放着一个大书架，书架前一张桌子上堆满了书。葛老师坐在那堆书前面，问了我们各自的打算，便拿出两张卡片，“嚓嚓嚓”地写起来，很快便把两张写满书名的卡片交给我们，说：“你们先花一个学期好好读书，然后根据自己的读书心得写成初稿，我看了初稿之后再跟你们详细地谈修改意见。”

半年之后，我交上两万字的初稿，葛老师很快就看完了。她跟我特别仔细地谈了修改意见，我按照她的意见大量删改，压缩到五千字，再交上去。没想到葛老师对这修改稿很赞赏，竟然给了九十七分的高分，我去系里交论文，连教务老师都感到很惊讶。但更让我感到惊讶的是，葛老师又把我的文章推荐到《古典文学知识》去发表了。

在90年代的北大，从老师到学生，很多人都在疯狂地追逐新理论、新名词，我自觉驽钝，对那些抽象的术语很隔膜，觉得自己大概不是学文学的材料，准备大学毕业之后出去当记者。如果不是因为葛老师的这次谬奖，我肯定无法获得继续深造的自信。在大学的三年里，我跟我的很多同学一样，在学业上都十分茫然，不知道自己有哪方面的优长，也不知道将来该干什么。但葛老师的这次鼓励，让我突然明白了自己将来应走的方向。

等到很多年之后我自己也成为老师，批改学生的试卷、论文、读书报告时，还总会想起自己当年受到葛老师鼓励的惊喜与激动，便会仔细去捕捉学生文字中的灵光，尽可能地通过各种方式给予他们鼓励。因为，我深知这鼓励对于他们意味着什么。

1996年下半年，我正式成为葛老师的硕士，开始接受她老人家的耳提面命。按照从葛老师的导师陈贻焮先生手中传下来的规矩，我必须开始系统地阅读魏晋时期的诗文，并撰写读书报告。葛老师说她读硕士的时候一个星期交一次报告，她三年写了40万字的读书报告。我一听就吓了一跳，心里很快地估算了一下，算出平均每年要写十几万字。虽然不算太多，但要天天坚持写可就难了。但葛老师并没有按照同样的标准给我定任务，而是让我尽量去写，不求多，而在于真正读出自己的想法。但我觉得要是我写得太少了，岂不是跟老师以前的读书标准相差太远了？

第一次交上去的读书报告也差不多写了一本，但葛老师几天就看完了，找我去谈。先说了一通鼓励的话，并说里边划“勾”的都是写得好的地方，也有的地方写了批语，让我回去再看。接着便详细地谈问题，谈以后应该如何改进，并说到从零散的读书报告如何形成论文。回到宿舍，我惶惶不安地翻阅经过葛老师批阅的读书报告，先把所有的“勾”数了一遍，发现还不少，批语里边也有很多称赞的话，不由得特别高兴。不过批语内容很丰富，有的很准确地指出我的欠缺，有的谈她自己对某一问题的看法，也有的提供进一步思考的方向，或提供相关问题的深入研读书目。后来我看到一位师兄的博士论文后记，又跟其他同门交流，发现大家都对葛老师的读书报告批阅印象深刻，而且发下报告来都赶紧先数里边有多少个“勾”，那种又紧张又兴奋的心情将成为我们一辈子的记忆。后来我在一次偶然的机会里看到葛老师和杜晓勤大师兄当年的读书报告，看到上面留下的陈贻焮先生的红色密圈旁注，还有那些我很熟悉的“勾”，不禁想到：那代代相传的不仅仅是学术的薪火，还有点燃这薪火的热情、辛劳和责任。

自从正式进入师门之后，我也渐渐对葛老师的为学与为人有了更多的了解。有一回，我去拜访陈贻焮先生，因为他是我的湖南老乡，又是师祖，我上中学时就读过他参与编注的《历代诗歌选》四大册。考入北大后，我一直想去拜访他老人家，但知道他是大学者，不敢冒昧前去打扰。后来成了葛老师的弟子，我觉得我终于有了一个正当理由去看看他，便去了。当时陈先生患脑疾已经比较严重，记忆力衰退，神智也有些不太清醒了。但看到我这个小老乡去看他，又听说我是葛老师的学生，他很高兴，接过我送给他的一大把鲜花，激动得在屋子里走来走去。然后就请我坐下，开始跟我聊起来。但他已经没有办法连续地谈论一个话题，思绪跳来跳去。不过他很快便说到葛老师，跟我竖起大拇指说：“你们葛老师了不起啊！”接着又说到钱志熙老师，陈先生又竖起大拇指说：“钱志熙也很了不起，他能写诗。”一会儿忽然又对我说：“你们葛老师，坐月子还在写论文哪。”我本来希望陈先生更详细地说说葛老师，但他又转变话题，问我会不会吟诗了。

后来我曾就葛老师坐月子还写论文的事跟她本人求证。原来她被“文革”耽误十年，重回北大后，夫妻二人都拼命用功读书，想补回失去的时光，要孩子就晚了。生完孩子后发现记忆力严重衰退，连最常用的材料都想不起来了，觉得特别绝望，以为从此再不能做研究了。为了试一试自己还能不能继续做研究，便在月子里将产前一篇未完成的论文写完，发现记忆力慢慢又恢复了，这才放了心。据说陈先生听说了这事之后，跟人说：“这个葛晓音，不是女强人，简直是女强盗！”

葛老师有时也跟我们说起以前她怎么读书。1978 年作为“回炉班”学员重回北大之后，她觉得这机会来之不易，格外珍惜，每天早上七点钟就去图书馆占座，一学就是一整天，到闭馆才回屋睡觉。虽然艰苦，但也觉得十分充实和快乐。就是靠着这股劲头，她三年才写出那么多读书报告，还从读书报告中整理出十多篇高质量的论文。在我看来，葛老师对时间的这种极度珍惜一直保持未变。1996年冬天，天特别冷，葛老师找我到五院去谈读书报告，她正在那儿给文科试验班的学生答疑。我去的时候，她正一边看《杜诗详注》(那本书已经翻得很蓬松了)，一边做卡片，旁边已经码了一摞卡片了。因为答疑还没完，我就在旁边坐着等待。那屋子的暖气一点儿都不热，冷得像个冰窖子，我看到葛老师不住地搓手，但也没有停止做卡片。

到她50多岁的时候，患了腰疾，有时疼得厉害，无法久坐，就趴在床上看书。但趴着看容易犯困，一不小心就睡着了。所以她还是硬撑着坐着或站着看。我有时候劝她：“您现在功成名就，什么都不缺，不要再这么用功了。”但葛老师说这已经成为习惯了，不看书写论文就觉得很空虚。我想起葛老师跟我说过好多次她最崇拜的名人是居里夫人，曾经把一本《居里夫人传》都翻破了。我一直到近年商务印书馆重版此书，才去买了一本，看了一遍，感到她们在献身学术研究方面的那种忘我的精神真是太相似了。

90年代后期的中国社会和北大校园都是躁动不安的。我偶尔也向葛老师流露一些这方面的情绪，葛老师也很感慨。但她总是劝我要静心读书，并举了她读过的赵元任夫人杨步伟写的《杂记赵家》一书作为例子，说当年那些大学者们在烽火连天的岁月中，只要有地方摆得下一张书桌，就要坚持做学问；我们现在比那时候可是强多了。听了这一席话，我深受教益，也懂得了她们这一辈人经过这么多坎坷之后还能够心无旁骛做研究，就是因为抱有一种笃定的精神信念。

我们这些弟子有时候私下议论，觉得葛老师的聪明我们无法企及，她的勤奋我们更是无法企及，所以她能在那么短的时间内做出那么多的成绩。那时刚从复旦大学毕业来北大工作的汪春泓老师跟我说："女学者把学问做到这个地步的很少见。葛老师的每一篇论文都很厚重，每一句议论都不是空发的，都有很多材料做依据。"后来又听人转述《文学遗产》的陶文鹏先生说的一句话，说北京学界当时搞古代文学研究的50岁这一辈人，读书最多的有两个，一个是葛兆光，一个是葛晓音。我把这话转告葛老师，她连连摇头说：陶文鹏这话也太夸张了。不过，葛老师写论文运用材料之丰富则是人所共知的。她常跟我说的一句话是"搜集资料要努力做到竭泽而渔"。我记得有一年她写那篇研究盛唐"文儒"的论文，把十几本厚厚的《全唐文》从头到尾翻了一遍。这事让我印象很深，到以后自己写论文搜集资料，总是迟迟无法收场，更不敢率尔动笔；即使好不容易写出一篇论文，心里也会疑神疑鬼的，总觉得资料还有遗漏。

在六朝隋唐诗歌研究领域，葛老师取得的成就是大家所公认的。有时候我把从别人处听到的对她的称赞转述给她，她总是很淡然，有好几次跟我说："我们这一辈人做得再怎么样，其实都不过是在给林庚先生他们那一辈人作注。"

林庚先生与陈贻焮先生都是葛老师最崇敬的师长。她经常跟我说林庚先生的悟性不可企及，陈先生则是个真正的大才子。从林庚先生那里能获得诗意的熏陶与精神的净化，从陈先生那里则得到温厚的关爱与严格的学术训练。记得我读博士的时候，葛老师不止一次跟我引用林先生那句著名的诗——"去追寻那一切的开始之开始"，作为治学的基本信念。在谈到治学的一些具体方法时，则常援引陈先生的观点或论文来作说明。

因为陈先生去世早，我没有机会跟随葛老师去拜访这位师祖，陈先生2000年冬天去世的时候，葛老师和钱老师主持操办他老人家的丧事，他们两个人都特别难过，办事无不尽心尽力。我永远都不会忘记在八宝山的送别室，葛老师和钱老师泪流满面的情景；还有一年之后的追思会上，葛老师讲着讲着止不住泪如雨下、泣不成声的情景。事后，我去系里办事，系资料室一位叫玄英子的老师还特意跟我说："你们葛老师真是了不起，对她的老师那么好。系里的人都夸奖她呢。"陈先生去世后，葛老师离开北大去香港浸会大学任教。走前特意嘱咐我常去看望林庚先生，说林先生现在很寂寞，要常去陪他说说话。她每次从香港回来，都会特意去看林先生。2006年上半年的一天，我陪她去看林先生，林先生刚躺在床上准备午睡，就让我们坐在床前说话。葛老师对林先生说："我今年都60了。"林先生大声说道："是啊，你也老了。那会儿做课代表的时候，你还是个小姑娘呢。"没想到，这一年年底林先生就去世了，葛老师特意从香港赶回北京，送这位她最崇敬的师长最后一程。

对于自己的导师，做学生的多少都是有些敬畏的。对于葛老师，我们这些弟子自然也有些怕。那还是我上大四的时候，一个朋友知道我将来要跟葛老师读硕士，就把他在中国书店淘到的一本《山水田园诗派研究》送给了我。这本书的扉页上印着葛老师的近照，虽然戴着眼镜，但是双眼目光灼灼，整个脸上都被这目光照亮。这种目光我从很多著名学者的照片中都看到过，那是一种心智发达的自然流露。说实话，我想到学识浅薄如我者以后就要常常被这目光"照射"，心里就不由得有点害怕。

但上硕士以后，随着跟葛老师交往的日趋密切，这种紧张感很快就消失了，因为我发现，她的那种过人的聪敏并未伴随着通常这类人所会有的自负与苛刻，更没有有的聪明人所会有的褊狭与固执。在她面前，我们这些学生自然都是幼稚浅薄的，有时候也是愚顽不化的，也绝对不是勤奋的。但她从来不会拉下脸来批评我们，而是采用十分含蓄的方式加以提醒；她的培养方式是以鼓励为主的，但是对学生的弱点又绝不含糊，一定会让我们明白自己的缺点之所在，而又不会太伤自尊心。对于学术观点，她则十分民主，从不压制我们自己的意见。有一次，我在读书报告里很含蓄地提到对她某一观点的不同看法，我觉得她肯定不会看出来，但去谈报告的时候，葛老师明确地提到我那个地方是表示对她某一个观点的反对，我心里顿时紧张起来。但葛老师接下去又说道：你敢于提出不同意见，这很好，以前我读书时也经常提出跟陈先生不同的意见，陈先生从不怪罪我。不过，提出跟别人不同的意见，一定要有充分的证据。她告诉我关于那个问题还有很多材料我没有看到。后来我去把那些材料找来看了，才发现自己过于轻率了。但葛老师并没有因为这件事对我有任何不满。

对于葛老师的过人的聪敏，令我印象最深刻的乃是她对诗歌艺术的准确感受力与极强的逻辑思辨能力。这里只说说后一个方面吧。

据葛老师自己说，她是中学数学学得不好才报考了北大中文系。我原以为数理化学不好的人一定逻辑思维不发达，但从葛老师这里发现并不是那么回事。

有一次，我因为某个个人的选择委决不下，便向葛老师求教。结果她很快就快刀斩乱麻地替我把问题分析清楚了，跟我说：这事就跟打扑克牌一样，你要对每一种打法的结果进行比较，然后选择最好的那一种打法。我对她的分析十分佩服，想一想，这不都是我以前在大学的形式逻辑课上学过的方法吗？自己却不能加以运用。而葛老师平时大概并不打牌，反而能运用自如。还有一次，一位知名学者写文章跟葛老师论争某个学术问题。一般说来，葛老师从不主张跟人论战，说这也是陈贻焮先生立下的规矩，但凡学术上有不同意见，不要跟人进行正面论争，好好写文章谈自己的看法就行了。但这一次，这位学者颇有点咄咄逼人，有好心的学者出面表示愿意从中调停。但葛老师表示这是正常的学术讨论，便写了一篇长文进行回应，这篇文章我后来仔细拜读了，深感其中包含着强大的逻辑力量。那位学者没有再进行回应，而且这件事也没有影响他们之间的友好关系。这让我感到前辈学者讨论学术问题的纯粹、坦诚与宽容。

对于学生的优点葛老师一向都是乐于夸奖的。当我读硕士的时候，她就总在我面前夸奖杜晓勤师兄很聪明，刘宁师姐有悟性，陈桥生师兄很有才气，还有已毕业多年的臧青师姐很能干。我自己则从大学时代就追随葛老师问学，一直到博士毕业，时间很长，所受的奖掖和扶持自然也极多。令我一直万分感念的乃是硕士、博士期间，葛老师每次看完我的读书报告，如果我真有所得，葛老师甚至比我本人还高兴，谈报告时情绪也特别高昂，我感到这一点她跟陈先生真是太像了。我六年期间发表的几篇论文也大都经过葛老师精心修改，还向刊物推荐，但她从来不愿意在论文上署名，她说，这也是从陈先生那里传下来的规矩。在六年期间，葛老师除了有一次搬家让我和师妹去帮着装过箱之外（这还是因为她腰疼犯了），没有让我帮她做过任何事，因为她不愿意耽误我的时间。有一回正经过图书馆，她急着要去办什么事，又急着要在闭馆前去查三条注，我提出帮她去查，也被她谢绝了。在香港的时候，因为那边有些书查不到，葛老师才让我帮忙核查过两篇论文的注释，事后还非得按照香港那边很高的标准付给我报酬，让我万分过意不去。

葛老师性格豪爽正直，社会责任感强，能够仗义执言。有一次，我去她家谈论文时，她刚从报纸上看到一个官员贪污 20 万的报道，正愤愤不平，忍不住跟我议论了几句，后来大概想到怕影响我的情绪连忙打住了。我在这之前从来没有听她谈过学问以外的事，当时很惊奇，一直到现在也都记得。也正是那一次，我从她家离开时，突然发现一楼垃圾口的铁盖子上赫然贴着一张手写的告示：请各位住户注意，倒垃圾时不要弄脏楼道。那是我再熟悉不过的葛老师的笔迹。但葛老师家住四楼，垃圾口在一楼，这事她完全可以不管的。当她后来担任人大、政协代表时，就不时在报纸上撰文呼吁改善某些政策。她看到科研管理制度太繁琐，干扰到正常的科研活动，便写了一篇文章，拿柳宗元的《种树郭橐驼传》做引子，呼吁简化科研管理体制，引起了某位领导人的注意，还专门作了批示。

在生活中，葛老师是极有趣的一个人。我们一个聪明的师妹曾给葛老师下了一句考语叫做“天机自流”。因为葛老师经常说着说着话就激动起来，声音越来越大，还“咯咯咯”直乐，流露出天真烂漫之态，令满座为之粲然。有一次我们一帮人撺掇葛老师跟我们去爬山，葛老师呵呵地笑道：“我最怕爬山了，到时候跟韩愈一样，看你们可怎么办。”——韩愈登上华山绝顶，结果下不来，在山顶上痛哭，连遗嘱都留了，最后华阴令“百计取之乃下”。大家想起这个典故，不禁哄堂大笑，山自然是不敢拉她老人家去爬了。后来大家还经常说起这个故事，总要笑上半天。

有一次我跟师妹说：大师兄杜晓勤要去日本教书，葛老师教导他到了日本千万不要用那么大嗓门说话。我们的杜师兄精力旺盛，热情似火，是出了名的大嗓门。葛老师在日本呆过，知道日本人说话声音压得特低，所以要特意交代他一下。师妹听我说完之后，反问道：“葛老师说话嗓门不也挺大的么？”我一想，哎，也是啊。然后再仔细一想，从林先生、陈先生算起，没几个说话嗓门不大的（只有钱老师是个例外），而且个个都是越说越激动，最后完全忘了形，声音越来越大也毫不知觉。据我看来，这跟研究唐诗大概很有点关系。

跟着葛老师读书，自然少不了被她老人家请吃饭。我上大学的时候就被葛老师请过一次客，是中午下课后在大讲堂旁边的学三食堂（现在已经拆了），记得葛老师从一个小布袋子里掏出一沓绿色塑料饭票，给我买了辣子鸡丁和别的菜，我们边吃边聊。我头一回跟她吃饭，有点拘束，没想到谈笑之间葛老师就吃完了，坐那儿看我吃，还跟我说："以前陈先生总说：能吃能睡，才能做学问。"后来进入师门之后，跟着大家一起被葛老师请客，吃过很多饭馆。一度去得最多的是蓝旗营对面的"白玉"，葛老师很喜欢这家饭馆。后来"白玉"突然关门了，葛老师要请我们吃饭的时候，很惆怅地叨咕了一句："可惜白玉没有了。"这让我想起葛老师老说起北大南门外边曾有家国营的"长征饭庄"，饭菜很不错，那时中文系的老师大都住19楼，大家常在那儿请客，可现在也没有了。虽然跟葛老师吃过很多饭馆，而且有的档次还很高，但我印象最深的还是在葛老师家吃速冻饺子。那次因为谈论文时间比较长，到中午还没谈完，葛老师说家里还有两袋速冻饺子，不如吃饺子吧？我自然很乐意，因为从来没见过葛老师下厨，也没有在她家里吃过饭。她很快把饺子煮好了，拿了些酱油和醋当调料，我们就开始吃了。我趁机打探葛老师平时都会做哪些菜，她不假思索地说："我西红柿炒鸡蛋做得最好了。"又说了一些其他的菜，都是照着菜谱做。我回去之后，就把这事跟师弟师妹们传达了，大家都乐坏了，觉得葛老师太有意思了。一个师妹笑道："我们做学问是没法超过葛老师了，但做菜还有点希望。"

葛老师搬到蓝旗营的时候，我们全体学生买了一棵桂花树送给她。她特别高兴，表示要好好养着。过了一段时间，我跟师妹去她家里，看到桂花树不见了，就问起来，葛老师说："唉，别提了，那树放在阳台上掉叶子，我就搬到楼下去晒太阳，还在树上挂了一个牌子，写上'此花有主，请勿移动'，没想到后来就不见了。"我们觉得这跟"此地无银三百两"的故事颇有些神似，从此就当成葛老师的一大趣闻广为传颂。

后来有一次吃饭又说到养花的事，葛老师说她最失败的经历就是把"死不了"给养死了。前几年她又开始养金鱼，他爱人去香港探望她时就让我去帮着喂食，临走前还特意叮嘱我："这些金鱼可是你们葛老师的宝贝。"可现在那些金鱼似乎也不见了。虽然这些花草虫鱼的养殖不大见成效，可她老人家一直精心经营的诗歌研究的园地却总是万紫千红、鸢飞鱼跃呢。

2010年6月23日于蔚秀园公寓

世纪末的怀念（节选）

张曼菱

我不敢说："世事沧桑心事定。"对于这个世纪我只参与了一半。

但，总有一些不用赶什么时辰的东西，穿越繁杂世界，络绎而来。于灯下茶前，和相投友人，和自己，能透过浮生，细细品它。幽径低回之处，令人流连。有时竟能充满了整个人生。

有些事，还是值得告诉后代孺子的。它不应仅属于我个人。

在北国，那蒙着岁月灰尘的群楼，那学子捧书的湖畔，是这个世纪留给我的最重要和珍贵的地方。每想起我在北大的学历——不

未名湖畔好读书

是“文凭”，而是指那段真实地在学校所经历的心路与学路历程，在我的心中就亮起一盏盏明灯，那就是我终身难忘的北大导师。

导师，本是指直接指导过你的学问，比如作“论文”之类的老师。在北大，有很多受人景仰的老师，他们对学生的影响，早已超出书外，超出校外、海外。而在我，则认为，那些在风范、学问、人品上足以称为民族精粹和中流柱石的老师，才能真正称得上是人之“导师”啊！

……

在北大，或者说在中国，中年一辈的学者反不似上一代的老学者们那么直露和具有一种童真的坦率。

中年导师给我的印象是包含着很多苦楚。有一枚含在嘴里的苦橄榄，成为了他们的性格。甚至，在你问及他们自己所受的不平和磨难时，他们也避重就轻，越是大的要害的，越不说和轻淡地说。他们具有中年的活法，善于冷嘲热讽，傲骨内敛，但仍不灭其志和人格。

比起超凡脱俗的老先生们，他们一方面更加地“学院化”和“学者化”，专心做学问著书和教书，基本上不“指点江山”。即使有，也只是在私下里，用一种隐晦的极其文化的方式，绝忌激扬的文字。

另一方面，他们则更是这社会中的人，更多各种世故的疑虑。因为，他们是直接遭受了残酷风雨的夭折过的一代，他们是幸存者和再生者。在他们的同辈中，至今尚有人被政治风暴永世地压在最底层，从而与“学问”绝缘终生。他们怎能不使自己的保护意识更强呢？

比起才气横溢、叱咤风云的上一代开创者，北大的中年教师们是忠实的麦田守望者。

他们负责诠释和保存。诠释从新文化运动和鲁迅以来的中国文化思想的一切好的内容。借别人之酒浇自己之块垒，是他们的特色。偶尔，他们中也有人出击和创新。但他们更多地是寄希望于麦田之中。只要“麦田”保存下来，他们期待着将会有更勇敢的后人去收割。

正是在他们守望的麦田里，我们这一代学人得到了在中国现代史上失落已久的那种文化和精神。在我入学的那个年代，北大的这两代导师对于我们可以说是：狂飚的父辈和老成的兄长。幸甚善哉！

老成的兄长们长于防守，他们给我们更多的是忠告，酸涩的忠告。他们的功绩是坚守住了这片北大的麦田，进行了风霜下的惨淡经营。仰望那座由我们这批学生铸成的蔡元培铜像，我想，他们是无愧的。

我和孙玉石老师深交纯属偶然。在一个暑假里，我没回家，每天去学校游泳池游泳。一天，听见有人喊我，是孙老师也来游泳。他说：“你没有回家啊？”我说：“家太远。”他说：“对了，你是云南的。”又问：“在学校里做什么？”我说：“写小说。”

我想孙老师不会再感兴趣，因为我写的不是现代文学方面的论文。不料他说：“写的什么小说啊？拿来我看看。”

我按他说的地址，送去他家。看完后，孙老师说“好”，说比他的某同学都写得好，便帮我推荐给他在文学界的同学。

我的第二个中篇小说《云》，由此而发表于《收获》。时间紧跟在我的处女作《有一个美丽的地方》发表于《当代》之后，造成了南北两响之势，决定了我毕业后直接干专业写作的道路。

毕业前，我想以小说充当毕业论文，可当时教创作课的马老师并不欣赏我。我听说他可能不会同意。我又去找了孙老师。

孙老师只说了一句：“学生有才能为什么不让发挥？”

他为我去找了系主任，一切便理顺了。后来，我便转到了谢冕老师门下，他给了我那一届的最高分。

从“不够格”到最高分，这就是北大。你总可以找到承认你价值的人。

每个事业的追求者，都有自己的一方天空。而当天还没亮，风雨如晦，鸡鸣不已之时，能得到导师的慧眼相识和鼎力扶持者是幸运的。

我曾问过孙老师，马老师会不会因此对他不高兴？孙老师坦然道：怎么会呢？马老师对你，只是风格的差异而已。

现代文学教研室的老师去“管”当代文学教研室的事，只为了一个学生的特长能发挥。这在某些世俗化的学校里，也许会惹出某些是是非非。恐怕，也没有人会愿意为一个即将离校的学生去得罪朝夕相处的同事吧？

但在北大老师眼中，耽误学生的才华，才是极大的过错。北大老师会放眼校园之内，偌多学子，皆为桃李，不分门第之槛。我这个写小说的学生，却投到了研究鲁迅的导师门下，孙老师此举，可以说是“不拘一格惜人才”，真泱泱大学府之风范也。孙老师以为这很正常。他说，当年，林庚先生就是以诗集充当毕业论文的。北大就是这样的，无论兴衰，校风不会改。

马老师对我，没有什么耿耿于怀。回校后每次见到，他欣欣然，邀我上他们家去坐，并为他家乡的刊物向我约稿。

为了自己的理想和志向，不要顾虑流俗的看法，而要大踏步地朝前走去。这，就是孙老师和马老师教给我的。

后来，孙老师担任中文系主任。每回去见到，他总对我说“时间不够”，希望能早日卸去此职务。在我们系里，我熟悉的几位老师相继担任系主任，情况都这样。他们对“当什么”很淡薄，惟对时间看重。而时间，又是付与学问与学生的。

对“当什么”不感兴趣，惟对“做什么”感兴趣，这种标准，也影响了我后来的人生取舍。

北大素有“一塔湖图”之称。从湖走到“图”，如今的图书馆已经扩建。但前面的草地缩小，不如当年。且筑以花坛之类，像外头红尘世界的宾馆楼台，流俗了。

那里本是好大的一块坦坦荡荡的草地啊！仿佛校园胸膛，母亲怀抱。博大宽阔，平等自然，任学子们围坐其上，纳凉会友，谈笑风生。成就多少风云聚会，滋养几多青春绿树。

我们班的毕业照片是在图书馆前面拍的。与我们合影的，是系上给我们上课的称为“中年学者”的先生们。就在我们离校几年后，他们即成为国学的顶尖级的专家。这批导师堪称中流砥柱。当年，他们与我们相处甚密。

那天，快门按下，队列松散开去。忽有一位微笑的中年学者走来对我说：“张曼菱，祝贺你的作品发表啊！”我说：“你是谁？”他笑道：“我是严家炎。”

我一听，天哪，是我们现任系主任！

在对“人”上面，我本来糊涂，又是近视眼。对老师们，常是从书本讲义聆其声名而窃所思慕的。我很不注意与“人”对号。为此很在社会上吃过些亏。

在这最后一年，严老师正在教我们“现代文学”的重头课。毕业在即，这学生竟不认识他？这也太过分了！

我是一般有讲义就不太爱去上课的。我常去看别的书，或是选些其他系的课，旁搜杂学是我的一贯风格。无论思维和学习我都喜欢“跳槽”。

我说：“对不起，严老师，我没去听您的课。”

严老师却并不介意。他说：“我的课用不着上，你考试不也是‘优’吗？自己多看些其他书是应该的。”

在北大，老师们并不认为“你不来听他讲”就是什么冒犯。他们常说，讲课的教学大纲，起点是针对应届中学生的。他们总鼓励我们这批老大学生抓紧时间，多学一些自己需要的东西。他们相信我们这批学生是非常珍惜这段学习生涯的，见面总是说："注意身体。别累着。"

我在乡下"野学"时，读过车尔尼雪夫斯基的《美是什么》一类的书。一进北大，我就跑到系里去找"美学教研室"，找不到。我那时胆旺，南蛮子一个，即兴写就一篇《哀高丘之无女——中国的美学到哪里去了》，交给教我们文艺理论的闵开德老师。那气势好像就是声讨他一样。

闵老师拿给了系里的书记吕良看。后来我常干些"出格"的事，书记就说："张曼菱，罗曼谛克！"

作为一个经历过磨难的人，我可是第一次从领导口里听到这么宽容的话。

那时，文艺理论还没有开放，课堂上"党八股"充斥。闵老师可受了不少无辜的责难。我们一伙好斗的学生常常把他当靶子开火，质问他：为什么要把《洼地上的战斗》打成"右派"作品？为什么"战士谈恋爱"就有问题？为什么只讲阶级不讲人性？

那时文艺政策还没有改革，闵老师又不能信口开河，只好任我们勇气十足地狂轰滥炸。反正再怎么跟老师辩，也不会出什么差错。我们尝够了学生作为"无冕之王"的甜头。现在想来真的不懂事，那些运动又不是闵老师搞的，我们的锐气都冲着老师上了。

校庆时又见闵老师，我提到这段往事。闵老师愉快地笑着说："你们这批人不就是在那风风雨雨中成长的吗？"他慈祥的额上已多了白发。

为了我们的成长，闵老师充当了学生练拳击的对手。他宽容地让我们逞能使气，让我们长大成才。

当我的古典文学的试卷发下来时，我看见在“优”的下面批了两行字：“祝贺大作问世。”

这是那位从“下放”地回来的倪其心老师。他教的是古典，却关心到我的创作，师生的心灵如此勾通。在北大，只要学生出成绩，老师就高兴。而对我们这样下过乡的，倪老师也许更体会其甘苦。

在他家里，倪老师还专门对我讲了他对我小说《云》的理解。记得他说：“没有一定生活的人是写不出这样的话的。这些话让人想起生活中的很多东西。”

有一年的新年晚会上，倪老师为我们唱起那支悲伤的俄罗斯歌曲：“茫茫大草原，路途多遥远。”

这支歌，也是我们当知青的时候唱过的。倪老师也曾是北大学生，我们听说过他当年的风采和灾难。而透过这支歌，则看见师生都经历过流放之苦的历史。这真是一种文化人和知识界的认同，它使师生之谊深化。

初来上课时，倪老师讲授的尽是他个人的研究心得，非常独到，令人惊喜，使这门“古典文学”课和另一门“古汉语”课，完全地分开了。上课的时候，只听见大家记笔记的“唰唰”声。后来他却说，这不合教学大纲，还是要按照“大纲”讲，我们立刻群起反对。

大约是他在流放地积压太深，我们这批老大学生就成了他的第一批知音。他回校后出书的速度是很快的，都是在他被压抑的时候就写下的。

很快他就带研究生了。我们是看着他重返校园，成家生子的。他在我的心目中可谓应了一句话：“穷且不堕青云之志。”我从来没有对他说出。但我心已自认定，如果一旦劫运轮到我，我会像倪老师一样，决不易志。

共和国将记得这一批老大学生。回校时，常听老师们诉苦道：“对着一张娃娃脸，你简直不知道讲什么。有时候你讲了半天，他举手，问你某个字怎么写。唉，你还得写在黑板上给他。”

我们在校园留下了空前绝后的情义襟怀。

谢冕，一位诗人，具有一颗顽童心。

在我们进校的时候，中国当代诗歌，曾经是思想启蒙运动的前驱。诗歌的光芒，穿透了被封闭和禁锢的民族灵魂，使得智慧和激情复活。

作为当代诗人和诗歌理论家的谢冕，当年他的讲课是热点，是中年老师中最盛大的。他也是最敢于在讲课中出击的一位投枪手。

那些星星点点的，刚从全国各地冒出来的新诗，如天街小草，远看新绿，近看却无。因谢冕在大雅之堂上的评说，使其勃发出时代的光彩。他对这些先锋派诗歌的敏锐、热情，令人想起“新文化运动”时这座民主的学府。

谢冕曾经因为在文章里的一个“提法”而受到上面的点名。对于当时渴望冲决禁区的学生，这件事只增加了我们对他的敬意。

诗的课是在下午，经常有同学迟到。谢冕总是非常友好地请人家进来，还问：“是不是睡过了？”他给我们的感觉就是，好像他是你同宿舍的。那种与学生同辈的感觉，令他总也不会老。

他是诗人，他就是谢冕。我们都直呼其名。

你去找他帮忙的事，他总是用跟你商量的语气。他所受的坎坷不平，也很透明，也会跟你直率地讲一通。所以，他家里总是“谈笑有同学”的。不管隔了多长时间，谢冕老师家你总是径直可以去的。

谢老师所以不能称为“老”，一是北大还有更“老”的，当年，谢老师教我们时算是中年教师。其二是，谢冕是著名诗人，诗人不老，具有顽童心态。他无视岁月无情，经历文界波澜，惯于刀锋尖上的舞蹈，常在火坑边缘乘凉。

我毕业时，正是谢老师从孙老师那儿接收了我，并给予我一个最高分的。

我属于不服从分配之列。谢冕给我写了热情洋溢的推荐信。记得我走的时候，他曾为我的性格担忧过。他说了一句话："除了北大、北京，恐怕都很难容你。"一语中的。果然，我自从毕业，几乎尽在漂泊中度过，不由我多次想起谢老师的这句箴语。

随着世俗对诗歌和诗情的冷漠，这支曾经攻陷城池的劲军成了闲勇。这对于谢冕和所有的真诗人来说是一种痛苦。在这个杜绝天真的世界上，"诗"成了一种虚设。

在一个缺乏诗意和诗情的时代里，过急地追赶功利，来不及关心灵魂，把诗和柔情当做一种奢侈。这种生活难道就是我们所理想的吗？

去年校庆回去时，循踪到了畅春园谢冕老师处，那儿正有一拨心念有之的故人在召唤我。访师会友，正是此行极乐之事。

与谢师谈天，是真正谈"天"，行云流水，无主题变奏，无师无生。现在比从前更放开了，谈彼此生活，谈都在做些什么，谈修身养性。

那天下午，在座有我同班男生友循，同届的青年评论家书磊，还有同系的神交之友秉杰。阔别十六载了，大家笑看彼此，都说"没变"。此谓性格气质和友情仍如其人。至于增几根白发，添几丝皱纹，不过是造化小儿信笔涂鸦而已。谈不上改变什么。

知道谢冕在意趣盎然地坚持冷水浴。我以为，他在这冷水的坚持中，还有另一种坚持。自古"高台多悲风"，诗人的命运，总是"蜡炬成灰泪始干"的。在此世纪末，为诗祝福，为诗人的谢冕祝福。

校庆日在谢冕家里，同学秉杰揭我的短处。他说："那时你竞选，你们班的人贴你大字报，还跑到我们楼去宣传，叫不要选你。我并不认识你，也不太赞同你的竞选纲领，但对你们班人的做法深恶痛绝，因此我投了你一票。”

我说：“人家现在想把谁炒热，就先反对一下子。现在想来，反对者也是在帮忙的。”

书磊说：张曼菱给我的第一个印象，是在下课时，把一大团雪塞到她们班的著名诗人熊光炯的领子里。第二印象，是在大饭厅的凳子上卖她自己办的《思索》杂志。

他说，那时你竞选纲领稀里糊涂的，但我赞成你的态度。当时很多人拉选票的意识很强，而你根本“目无选民”。不仅不取媚于选民，而且，有时还侮辱选民。我想如果选“北京市长”，我要选那些谨慎老练的。选人民代表，应该选你这样的，想说什么就说什么，无所顾忌。

77、78 大学生是伴随着国家“拨乱反正”走进校园的。这是带着火焰的一代人，但同时也是累了的一代、伤了的一代，蓄含量极大。所以，仅仅在校园内，就可以演出“搏击掀发起风雷”的一幕幕时代序曲。

1979 年下半年，北大人第一次真正用民主竞选方式来选举人民代表。这在全国也是第一。我则是第一个跳出来的女流之辈。很多年后，在海南遇见韩少功，他说：“你知道你是第一个上美国《时代》周刊的中国女性吗？”我说，我不知道。

今天，当我在校园遇到那些叫不上名字的面孔时，人家常常自我介绍道：“我是你的选民。”校庆回来，不断接见着我的那些同学，也是归来的选民，是一桩对于我们双方都难忘和有意义的回忆。

我们共同拥有了那一段历史，包括反对者们。对于历史，谁都是不可少的，重在参与。往事不尽如花，往事也如铁。

那年的竞选，是一道黎明的点心，献给我们刚刚醒来的祖国。也许火候不准，有些烧焦了，但没有“一”就没有“二”。现在的民主竞选，就好像是吃中餐和晚餐一样熟练了。

今天，稚气的小学生们在竞选班长，孩子们争着说：“我能行”，是那么平常。可是当年，就因为我说了“我行”，我受了多少气，挨了多少整，遭遇了多少艰难辛酸。因为当年中国人的精神状态是：我不行你也不行。如果你说“你行”，就会惹恼别人。即使是在北大，也曾经有这种阴暗。

这已成为一种奇特的遭遇。总有一天，我会来写写这道黎明的点心。它无疑是北大现代史的一页，共和国的旗帜上再添一笔北大人的风采。

竞选中，突然出现了署名为“文学 78 大多数革命群众”的反对我的大字报。这在竞选者们中间真是独一份的。

那一天，77、78 级合并上美学大课，金开诚老师在上课前说了几句题外话：“同学们，我刚才走来看了一张大字报，很多人反对一个女同学，好像不是对同学的态度。我不明白你们的事，但是，北大反右时的教训请你们吸取。好了，讲课。”

下课后，我目送金老师离去。

至今我与他没有私交。可是，相教何必曾相识？在这些精神坦荡的老师面前，我的委屈散之天外，心胸为之一洗。

人，只要有一点“独立特行”的精神，眼前风波便可以置之度外。这一张真正的文凭，使我走遍天下总带着“北大”。

楷 模

聂鑫森

1988年的夏天，我和首届中文系作家班的同学走出燕园的时候，似乎什么牵挂也没有，心头凝结着一片宁静。岁月渐深，在纷纷扰扰中，才猛然感到那地方的静穆和洁净是如此的可贵，心头方觉得少了点什么。

是未名湖畔清爽的晚风，曾拂动过我的鬓发？是静园缤纷的桃花，也曾在衣襟上亲昵过一瓣、两瓣？或者是赶课去的那满路飘洒的自行车铃声，以及研究生楼彻夜不眠的灯光……

不是。细细地拨开纷乱的记忆，从那绿荫红楼间，渐渐清晰起来的是先生们和蔼的面容，又渐渐地弥扩开去，终于与整座燕园重合起来。

毕业典礼上，儒雅的袁行霈先生，于座位上升起一团洁白的鬓发，他说他喜欢“北大”，因为这地方多书卷气，少俗尘。他说“惟俗不可医”的时候，那嘴角分明有一丝冷峻的笑，这笑具有一种力度，猛一下便嵌入我们的身心，在座的所有人似乎都颤动了一下！

在中文系，有一位专攻语言学的先生王福堂，他的导师袁家骅辞世后，留下两部遗稿《方言字典》、《方音词典》，他便花了十年工夫来整理它们，其中三分之二的内容是重新补充和撰写的。出版的时候，他只署上导师的名字，稿费全部交给导师的家属。也许在这商品经济极为发达的今天，在人们看来这无异于一个神话，而这

校园小径

样的神话在燕园却随处可以拾掇。毕业前，我颇想拜谒这位王先生，可他不在，领着研究生到绍兴调查方言去了，也就成了一桩憾事。

在中文系每次评职称评工资，断无争先恐后之举，往往是真诚地谦让，说自己的学问不及某某先生，我是不应该评的。我记得严家炎先生给我们讲述这些的时候，眼圈都是红红的。回想燕园之外的许多地方，这样的现象实在鲜少矣！

也许有人认为他们已经很富足了，否。我曾去拜访一些先生的家，目光所触，到处是书，书架上、书桌上、沙发上、地板上，书矜持地占踞着偌大的空间。至于现代化的电器设备，顶多可与普通的工人家庭比美。然而若打听他们此生的著述，可用“等身”二字。第一流的学问，就是在这样的氛围中做成的。朱光潜、王力、王瑶、吴组缃、严家炎、费振刚……可以举出一连串有声有色的名字。他们并无丝毫怨言，觉得这一切都很平常。

燕园就出这样的人、这样的学问，因为她静穆，因为她洁净。一代一代的先生如链环相扣，即使在动荡的岁月里，也未曾断裂。他们站立在讲坛上的时候，首先矗立的是自己高尚的人格，那创造性的学问里，充溢着火炽的民主与科学的精神。

在燕园听课是一种享受，是一种熏陶。

在这里上课，没有点名和清查人数之说，先生有这种自信，他们相信自己的课是有质量的，有十足的成色。教“文艺心理学”的金开诚先生第一堂课就说他的课可听可不听，如觉无意思，可中途退席或干脆不来。但一个学期下来，竟少有缺席者，因为他的课与文艺创作联系极紧，加上他渊博的学识、从容的表述，令我们茅塞顿开。还有严家炎先生的“现代小说流派史”，是他多年研究的领域，材料翔实，论证得体，治学十分严谨。班主任曹文轩先生的“思维论”，程郁缀先生的“词学概论”、谢冕先生的“中国文化思潮”、孙玉石先生的“中国现代诗分析”……引我们入宝山，璀璨夺目，不知日之将夕。

先生们在学术上决不掠人之美，哪怕引用了谁一句话、一段资料，也必在讲课时一一指出，然后再说出自己的研究方位。严绍璗先生在讲“中日文化比较”时，第一堂课就用了二十分钟论证他所涉猎的范围、曾经参考过的书籍，而且颇带几分景仰。细想文坛这些年发生过多少纠纷，无不是为“署名”和材料被占有之事，闹得鸡飞狗跳。而在燕园，这样的情状实为少见。

给我们讲授“《聊斋》赏析”的马振方先生，身体多病，给我们讲完一上午的课，下午必须到澡堂泡澡，以解除极度的疲劳，但他从未因病缺过课。1996 年冬开全国作代会时，我们重返校园，又见到马先生，他依旧豪爽乐观，谈笑风生，病魔终究是不能征服他的。

同学说，多狂妄的人，面对这些先生的人品、学问也会自惭形秽，除非他们实在是不可教化。此言妙哉！

在燕园时，我常常浴着曙色在未名湖畔跑步，博雅塔在湖波上投下巍峨的影子；岸边钟亭的大铜钟垂挂着，仿佛什么时候会发出宏重的声响。是的，这钟的宏响已穿过百年风雨，丝毫没有衰老的迹象。

因为先生们的心没有衰老，燕园没有衰老。

我会永远记住这座园子。

北大中文系名师印象

朱家雄

北大中文系自开办之日起，不论是在蔡元培的时代，还是在西南联大时期，不论是在1952年全国院系大调整之后的阶段，还是在“文革”之后气象万千的八、九十年代，从来都是大家荟萃、名师云集。在这里，老师们和风细雨润物细无声，在这里，学生们朝气蓬勃渴求无止境……记忆中，北大中文系其乐融融、其情脉脉的整体氛围给人的感觉真的是非常的舒坦和美妙！

就是在这样一个环境里，我亲身聆听了许多师长所开设的许多门课程。我所在的是一个专科学制的班，但我的听课范围却远不止于此，本科生的课、研究生的课、作家班的课、教师进修班的课，我都旁听、偷听过不少，实在有点听课家的味道。

回想起来，我印象比较深的课程与老师还真不算少。“新时期文学专题”是系里的一门大课，由谢冕等多人轮流授课，每位老师各讲几次，一个学期即结束，且没有现成的教材。谢冕先生是促成朦胧诗全面崛起的扛鼎人物，是新时期文学旗帜性的评论家和理论家，名声卓著，来听他授课的人非常之多，大教室里人满为患，而他带点福建口音的宣讲更以高屋建瓴的论述和热情洋溢的气场鼓荡起众听讲者心海里的风帆。可惜的是他的课时似乎只有两、三个半天。忘了曾任中文系系主任、在金庸武侠小说研究方面开了先河的严家炎教授的“现代小说流派史”课是给哪个班开的了，这门课程的教材就是他自己的专著《现代小说流派史》，熟悉《现代文学史》教材的人应当都能体会到这绝对是一门独辟蹊径、角度新颖的课，也是对以小说史为主线的《现代文学史》的一种很好的完善、补正和开掘。富有创新精神的严家炎先生是堪称文学研究的一代大家的。再就是时任中文系系主任的孙玉石教授的“现代派诗歌研究”课，孙主任诗学造诣底蕴颇深，无论是讲李金发、废名，还是讲徐志摩、卞之琳、戴望舒乃至穆旦、郑敏，都是细密精深、丰富扎实。那时的我正处在对诗歌写作较为狂热的阶段，所以非常喜欢听孙老师开的这门课，印象中大约是一次也不曾落下的，当我从头到尾坚持着听下来，感觉自己着实是获益匪浅。

有些重点的课程我甚至还听过不止一遍。比如“当代文学”这门课吧，我既在本班听了一年曹文轩先生比较有激情的宣讲，也跟着 89 级同学听过佘树森、韩毓海两位的课，时间也是一个完整的学年。佘树森教授似乎比谁都消瘦，但他对治学与教学却一向兢兢业业，大约也是一个孟二冬似的模范人物，可惜 1993 年就因病去世了，才 50 多岁的年纪。谢冕先生的得意弟子张颐武先生为 90 级讲授的“当代文学”课后来我也听过几次，只是因为这门课程已经听了两轮，就没有坚持而只是感受了一下他涨满了新潮理论和术语的讲课风格。2003 年调入北大中文系执教的陈晓明先生那时是到北大来办过一个关于先锋文学的讲座的。现在已经非常有名的孔庆东当时应该是在读严家炎先生的博士生，而谢冕先生的博士生马相武则在 1991 年毕业时就去人民大学中文系任教了，现在的他早已自立门户，可谓重量级的评论家了。

之外，我也偶尔听过袁行霈、孙静和葛晓音等教授的古代文学类课程。底蕴丰厚、颇有气度的袁行霈教授讲起课来可谓声若洪钟，其意气扬扬、其酣畅淋漓，你只须听他一个讲座就会长久难忘。身为民盟中央副主席的袁行霈教授现在担任的职务大概比以前任何时候都要多，中央文史研究馆馆长、全国人大常委、北京大学人文学部主任及国学研究院院长等等，颇有一点“学而优则仕”的味道。陈平原先生的课内容非常丰富，听起来很是过瘾，可惜我只听过一两次，记得他讲康有为、梁启超的时候，侃侃而谈引经据典却是信手拈来，他的学问的确是做得非常之扎实。王岳川先生关于解构主义、后现代主义一类的西方文论课程我试着听过两门，有一门还坚持到了期末，但他给大家开列的参考书我却一直也没有找来读过。渴望了解西方的东西，但却仅仅限于了解而无有深入，如此，我听课的成效也就可想而知。

至于其他老师的课，我约略记得听过的还有唐作藩的音韵学、乐黛云的比较文学、段宝林的民间文学、钱理群的鲁迅研究、董学文的文艺理论、戴锦华的电影赏析、陈跃红的诸子著作选读、蒋朗朗的台湾文学等等，当然，因为种种原因，那时的我尚有许多好的课程没有听到，尚有许多好的老师没有遇见，比如金开诚、洪子诚、温儒敏等等，这难免是有些遗憾的。

光阴荏苒，求学于北大中文系的时光虽早已散淡如梦，当年的那些记忆长久以来却始终印象深刻。而关于孟二冬事迹的报道，特别是关于王选院士近日以七十之寿过世的报道，更是再一次地唤醒了我的那些记忆。印象中，北大中文系的名师们是真正做学问的一群，他们既在学术的道路上精益求精、永不懈怠，又时刻以他们敏锐、深沉的目光探索在文化界的最前沿。印象中，不光中文系，北大诸系的名师们何尝不都是这样？前一阵在网上偶然地看到2005年年底北大中文系现任系主任在建系九十五周年的庆祝会上所讲的一段话：“北大中文系魅力何在？在传统深厚，在名家云集，在学风纯正，在思想活跃……”我想，这几句话概括的不仅是北大中文系的魅力，并且也是整个北大的魅力。

北大中文系给我的古典学术教育

刘 宁

1987到1997，我在未名湖畔求学十载，从一名古典文献专业的本科生，到取得古代文学博士学位，北大中文系把我领上古典学术的研究之路。在激扬文字的燕园，古典学术的教育，以其沉静深厚的特色，养育了一大批优秀的学人，使之成为斯文传承的中流砥柱。“文武之道，未坠于地，在人，贤者识其大者，不贤者识其小者。”在中外多样化的古典学术传统中，在近代学术转型的背景下理解北大古典教育的独特，也一直吸引着我的思考。当然，对于如此复杂的问题，我没有“识其大者”的能力，这里，仅借系庆的因缘，撷取一些求学的体会，重温一下在五院初识古典门径的感动。

古典文献专业的基础训练

当年报考北大，我选择的是古典文献专业。在传统文化深受冷落的80年代，古文献专业的录取分数，在北大中文系三个专业中是最低的。记得填写高考志愿时，我还被中学同学笑话为“手高眼低”，但直到现在，我都很庆幸自己选择了这个专业，它为我打下了扎实的古典学术基础。

当我毕业工作，经常看到许多中文系的学生，即使到了报考硕士、博士的阶段，也几乎不读、也不会读古书的局促后，就总是很感谢文献专业，在我们求学之始，就要求直接阅读古典文献。四年的本科学习，我们有了一个很牢固的观念，就是尊重原始文献。记得当年读书时，只要看到现代人对历史问题的阐述，我们就会想，他这样的说法，文献上的原始依据是什么。不能仅仅相信二手文献，这似乎是所有课程所强调的。这在已经有了不少辞典、工具书和学风不无急切的80年代，多少显得迂腐。但专业的教育对此有着不容质疑的坚持，而我们这些学子，也深受“迂腐”之风的影响，记得大一开设的“工具书使用法”以及大二开设的“目录学”，都有大量的实习内容，要求我们通过类书、古籍目录等查考原始文献，进而概括一些历史名词的内容。当时班上有位同学，觉得这些名词，在今人编的工具书上都有现成的解释，不如直接照抄，但他这样的捷径，似乎并没有得到多少响应，大家还是老老实实地去寻找原始文献。当我自己走上古典学术的研究之路以后，才深深感到，这种对原始文献的尊重，绝不仅仅是学科训练的技术问题，如果一个学者，根本不具备面对原始文献的能力，只能依赖二手文献与前人之成说，他如何能拥有“独立之思想”与“自由之精神”？

尊重原始文献，不仅仅是一种态度，更意味着一整套阅读、考辨和整理古籍的学术训练。文献专业的课程对此考虑得很周详。专业学习的前两年，主要学习文字、音韵、训诂、目录、版本、校勘六门古籍整理的基础课，后两年，则学习“古文献学史”和各类专书选读课。当时文献专业上课的老师，堪称豪华阵容，“文字学”是裘锡圭先生、“音韵学”是唐作藩先生、“训诂学”是张猛先生、“版本学”是李致忠先生、“校勘学”是倪其心先生、“目录学”是高路明先生，“古文献学史”是孙钦善先生，此外的专书选读课也十分扎实，“文学要籍解读”是金开诚先生、“哲学要籍解读”是王丽萍先生、“日本中国学研究”是刘萍先生、《论语》则由孙钦善和李零先生先后讲授过、《周易》是王扶汉先生、《楚辞》是高路明先生、《孟子》是董洪利先生、《诗经》是吴鸥先生、《孙子兵法》是李零先生、

《吕氏春秋》是吕艺先生。此外，还要学习中国文学史、古代汉语、现代汉语、中国通史。其中“中国文学史”和“现代汉语”要比文学、汉语专业略微简单，而当时班上不少同学都去旁听文学专业的文学史和汉语专业的汉语学史。四年的学习是紧张而忙碌的，而我们真正享受到了转益多师的嘉惠。记得1991年照毕业照时，出现一个有趣的现象，文献班在合影时，老师的人数居然超过了学生。这是如今汹涌扩招后的大学再难见到的景象。

文献专业的课程十分强调阅读古籍的能力。对文献的查考和版本的调查，也成为重要的实习内容。当时每上一门课，总要有大量时间泡在学校图书馆的古籍部，其中版本学课的实习，还被李致忠老师安排在北图进行。记得有一次，陈捷老师布置阅读郑玄《诗谱序》，在课上讲解。上课时，我们全不得要领又自以为是，把正文粗粗读过，随便发挥一通便以为完事大吉，年轻的陈老师一向很随和，但那一次她居然发了脾气，骂我们实在空疏。那天课后，全班同学再也不敢懈怠，不仅把孔疏细细读过，还结合后人的意见，分析郑玄的诗学观念。第二次上课，所有发表的同学都分析得异常精彩，而那以后，我们每一次课堂发表，都再无懈怠，而是要努力更胜于前。当时不少课，都有这个阅读文献、发表和讨论的过程。这是我求学时代最珍贵的经历。工作以后，我曾经去哈佛访学，发现那里上课阅读和讨论的方式，与我在文献专业的经历十分类似。我任教高校时，曾想在自己的课堂上运用这样的方式，但效果往往不理想，现在想来，如果没有比较完整的古典文献训练做基础，学生面对古籍会感到异常吃力，绝大多数的大学，都没有古典文献专业，有些只是简单讲一些古典文献概论知识，学生纵然有读古籍的愿望，也会力不从心。

文献专业的课程，又一个突出的特点，是注重“学术史”而极少“概论”式的平面叙述，“辨章学术，考镜源流”的原则贯穿在几乎所有课程的学习之中。从大的方面来讲，我们一入校即被要求认真阅读《四库全书总目提要》，并要求将此书常备左右，要将《提要》所勾勒的古典学术地图了然于胸。大二高路明先生讲授的目录学课程，更以古典目录学的博大体系，丰富了我们对传统文献的理解。大三孙钦善先生的“中国古文献学史”则以通贯详实的内容，为我们勾画了中国古典学术史的基本框架。在其他的课程上，从学术史人手理解相关的学术问题，也成为一个基本的学习理路，例如《诗经》选读，就从诗经学史进入，体会汉、宋、清人《诗经》学的不同特点，对《论语》、《孟子》、《周易》、《楚辞》、《孙子兵法》、《淮南子》的学习，亦无不如此，其中给我印象最深刻的，是高路明老师讲授的“《楚辞》选读”，她依据游国恩先生主持编纂的《楚辞长编》中的《离骚纂义》进行讲授，《纂义》网罗了前人对《楚辞》的注释，从汉至清，学术的变化、阐释的转型，一目了然，而其中的问题也引发我们浓厚的思考兴趣。上课时，老师或同学逐条阅读和分析前人的注释，那是一个春季的学期，窗外是蓬勃的校园，屋内是埋首故纸的师生，读书的形式很枯燥，但书中的兴味却引人入胜。这也许就是古文献专业典型的读书环境吧。每一个观点的提出，都有一点顿挫，要回到文本，回到历史阐释的长河里去；但一旦从顿挫中生发，那种精彩，真是久久难以忘怀。我一直记得倪其心先生讲校勘学，倪先生精研六朝文学，为人有六朝名士的洒脱，在校勘学上也有精湛的研究，他的《校勘学大纲》是目前最好的校勘学教材。记得他讲授戴震、王念孙的校勘，驳正成说，层层考辨，那细密的过程，仿佛武陵人在极狭的山洞中穿行，而一旦豁然开朗，又自有千家红树的震撼。经过四年的学习，从学术史出发思考历史问题，似乎内化为我们的一种自觉，我们懂得了自己面对经典的发言，其实只是历史长河中的一环，而真正的创造性，当然要经过对历史长河的沉潜，而非漠视。

文献专业十分强调核心经典在学术史中的地位。我们刚进校时，专业就发给每人一套中华书局影印版的《十三经注疏》，规定这套书在大学四年间一直归我们使用，毕业时归还。四年间，这套书成为许多课程的重要参考书，而对于那密密麻麻的注疏，我们也从最初的一头雾水，变成可以比较流畅地句读。毕业的时候，专业借给我们的书要归还了，很多同学又自己购买了一套。记得 80 年代，学术风气十分活跃，但专业始终强调以“十三经”为代表的核心文献，在古典学术中的重要意义。经学文献也成为学术史学习中最受关注的对象，许多经学史上的问题，也在学术史的框架下得到讨论。例如经学史上的汉宋之争、清代经学的新变，这些已经是我们在文献学史和专书选读课上，耳熟能详的问题。

古文献专业的课程设置和讲授方式，在我们读书时，当然未能深刻体会其妙处。但随着自己走上工作岗位，看到古典学术传统之凋零，大学对古典教育的忽视，特别是近些年国学热中对国学该如何与现代学术体制融合的种种争论之后，就越发感到，前辈学人在设计古典文献专业课程上所展现的创造力。很多人感慨经学传统在当代中国的中辍，其实，古文献专业在学术史的框架中，就积极地继承了经学所包含的学术传统。今天，古典教育、通识教育、经典阅读，都引起越来越多的关注，人们也把目光投向域外的古典学传统，但如何让中国的古典学术与现代学科体制融合，并不是照搬西方古典学就可办到。从 1959 年到现在，文献专业的课程体系和古典教育传统，在风云变幻的时势中，已经延续了半个多世纪，这其中所包含的通古今之变的智慧，很值得思考和体会。

文献专业的课大多是师生一起“读”出来的，而不是学生单纯听概论“听”出来的，当一条一条地读学术史文献后，我们对历史问题的认识，不是一、两个观点，而是一种切实的理解，也因此可以形成自己创造性的思考。本科四年，我们大部分的时间是泡在古书里，阅读古典文本的能力、整理古籍的素养和学术史的自觉，是这四年最大的收获。在此基础上，对文学史、汉语史、中国通史等课程的学习，则开阔了视野。但古典文献的学习始终是主干。林庚先生说，学习不能贪多务得，而是要“感受一通，一通百通”。四年的大学时光是有限的，文献专业既让学生认识到古典世界的博大丰富，也切实地指示进入这一世界的津梁，期望他们能由此“一通”以至“百通”。

实证·文本·通观·独创

本科毕业后，我进入研究生阶段的学习，读书与思考的压力也似乎更大了。从跟随倪其心先生攻读古典文献学的硕士，到跟随葛晓音先生攻读古代文学的博士，我的研究兴趣从文献整理转向古代文学的研究。这一时期，对北大古典教育里科研精神的感受更加突出，北大学风中注重实证、尊重文本、通观达识和追求独创的特点，都深刻地影响了我对学术的理解。

实证是科研的基础，这是我读书时最为强烈的体会。从本科开始，对实证态度和方法的培养，已经是我们学习的重要内容。立论要根据材料讲话，而材料本身要精于考辨。记得上裘锡圭先生的文字学时，我在期中作业里空发了一些议论，裘先生特意在课间把我叫去，耐心地指着他用红笔在我的作业上划下的一些句子，问我：你这样讲有什么根据吗？有什么材料可以支持你这个说法呢？当时，我真是羞愧无已，因为自己完全是随口空发几句议论，但裘先生那认真的态度，让我明白了，在学术论文里，任何一句话都要有根有据。而当我们能在自己的研究中，真正体现了实证精神，哪怕是取得一点点微小的成绩，老师都会热情地鼓励。记得在孙钦善老师的课上，我通过考证宋人笔记中一条记载的错误，反驳了前人对欧阳修西京交游经历的一个认识，孙老师竟给我很高的分数，在教研室见到，还鼓励有加。

在体会实证学风这一点上，吴小如先生对我的影响也是深刻的。大学时代捧读吴先生的《读书丛札》，读得十分吃力，但每一段考证，都能发人所未发。吴先生说，与其堆砌一些浮词来凑成专著，还不如有话则长，无话则短，切切实实言之有据。吴先生解读诗文，精义纷披，而其核心，乃是实证基础上的揆情度理。他认为，诗文分析，要字字安稳、句句落实，所谓“欣赏”，其实是“苦赏”。这些都时时在警醒我，为学不能蹈空务虚。

实证精神所意味的用材料说话，包含着很丰富的内容，既要综合运用文字、音韵、训诂、版本、目录、校勘的知识来推敲训诂、考辨文义，又要对文本有综合而深入的把握。本科时读高邮王氏父子等人的考证，都深感他们对古籍有通贯的理解；当进入到专业学习阶段，对文本精准而通贯的把握，成为学习中更为重要的内容。跟随葛晓音老师学习古代文学时，葛老师反复强调，要对作品文本有扎扎实实的理解和感受。记得在她的山水田园诗派的课上，我读了一些山水诗作品，感到北宋一些写山水的作品，和六朝之作有所不同，就写了一篇读书报告，对北宋山水之作进行概括，葛老师认为我对宋代的作品读得不深、不细，立论不免肤泛。她认为读古代的作品，要能深入其体制，了解体制上的渊源变化，切实理解一首诗艺术上的特点；要是对一首诗的特点全抓不住要领，一切的分析就不免落空。当然，这种对文本的体会，不是简单鉴赏式的，而是要综合理论与历史，对文本有感悟、有理解。记得一开始，我对自己能否具备这样的能力，没有多大信心，葛老师就举林庚先生的话，说一个人的敏感，当然有天生的成分，但也和后天的锻炼分不开，为什么警察总是最敏锐地发现隐藏在人群中的小偷，就是因为长期的职业训练。这番话给了我很大的信心，鼓励我沉潜于作品之中，反复品味。在写作学位论文之前，葛老师规定了一个阅读重要作家文集的读书计划，要求我每读一个集子，都要写作读书报告。每一篇报告，葛老师都认真批改，指出可以深入思考的地方，也毫不留情地批评那些看似新颖、实际毫无体会的言辞。正是在这样一个反复磨练的过程中，我对文本的感受力，才逐步增强。创作经验对文本理解无疑也是很有帮助的，陈贻焮先生总是蔼如春风地鼓励我写作旧体诗词，每次我向他呈上自己笨拙的习作，他欢喜的态度总是极大地增强了我写作的热情，也使我对古人的文本更有体会。

通观达识，是北大科研精神的一个特色。记得刚进大学时，我们选修袁行霈先生的课，袁先生不止一次地说，一个只读过李白文集，和一个读过《全唐诗》的人对李白的理解当然不同，这番话对还在读本科的我们，有很大的影响。从 80 年代开始，古典文学的研究，就很强调多角度、多视野，做综合的研究。而这样的综合，既要开阔，又要扎实，记得陈贻焮先生讲，如果要运用另一个学科的知识来研究古典文学，就要起码具备那个学科的讲师水平。当时我们并没有很能体会这句话的分量，现在想来，这是很严谨、也很高的要求。学术是一丝不苟的，不对自己所要涉及的学科下一番苦功，而要做综合的研究，当然就不免虚泛不实，这样的情形在学界并不少见。

学术离不开独创，在刚刚开始专业学习时，如何独创是最让我们焦虑的问题，如何去找论文的题目呢？读书时，被老师“命题”的幸运是很少的，而一旦你从现有的学术框架和研究路数中去套出一个题目，也总是会被否定。记得我把这样的苦恼讲给葛老师，她总是说，从读书中发现问题，从写读书报告开始。当我在葛老师的指导下，经过六、七次的修改，将一篇关于欧阳修的读书报告修改成小论文后，才开始略略对此有了一点体会。我的学位论文思路，是在阅读中晚唐诗歌的过程中一点点摸索出来的，当从白居易到欧阳修，一个在唐宋诗歌转型中重要的诗学线索显露出来的时候，我感到很激动，但也不无忐忑，因为前人从未提出过类似的看法。但葛老师鼓励我大胆地提出这一观点。她常说，真正的学术创造都是一空依傍的，套着前人的思路做，总是落入第二义。这种从文本之中，经过通观与实证而形成创新的研究之路，是一条学术的通衢大路。记得在哈佛访学时，我旁听了与哈罗德·布鲁姆齐名的著名诗学教授海伦·文德勒（Helen Vendler）的课程，有一次和她的研究生聊天，那位学生说自己曾经想用生态美学的观点研究某一当代诗人，文德勒教授不同意，要求他再读书，再体会，给他定了一系列要读的诗人的名单。当时，我真是觉得“东海西海，此心攸同”。

古典学术传统与北大精神

离开母校的十多年间，我对古典教育传统的丰富性有了更多了解，对燕园古典教育的独特也就有了更深的感受。

北大经历过以启蒙理性为核心的新文化运动的深刻影响，因此，北大的古典学术有很鲜明的理性色彩。对实证的高度强调，就是一个集中的体现，这里既有对乾嘉传统的继承，也可以看到胡适“大胆假设，小心求证”的实证精神的影响。同时，北大又与时代思潮的风云变化息息相通，新的想法与观念时刻在冲击人们的思想，因此在北大学习古典，不可能拘守古书而闭目塞听。从沉潜故训的课堂刚一出来，就可能在三角地看到激烈的论辩，读到刚刚写出的新诗，古今新旧的剧烈冲突，时时激荡着学子的心灵。在这样的环境里，我们经常在想，古典的价值究竟在哪里？难道只因为它古老，因为它是“中国”的吗？也因此难免不产生对古典学问的迷惘和怀疑。但是，在迷惘中我们坚持了下来，还读出了兴味，这不能不感谢我们的老师，他们不靠民粹和古老来说教，也没有什么活泼的教学技巧，更不故作玄虚，但是真能讲出古典文本中的神采。记得裘锡圭先生在电教给我们这些大二的学生讲文字学，他讲课时，眼睛常常看着一侧的窗户，并不常看学生，板书也不那么漂亮整齐，但那些看似枯燥的内容，就是紧紧地吸引着我们，似乎直到下课，大家才会松上一口气。在这样的课堂里，你会感到，古典文本所蕴涵的活力、所包含的智慧，能使人享受到极大的精神快乐，经历了古典的沉潜，思想会走到极为精深的境界。这是富于理性气质的北大古典学术传统，对我们最大的启示和感染吧。

当然，古典学术形态也有其感性的传统，对古体诗文创作的重视、对古典艺术的涵养体会，这些对于理解古典都是很重要的，但在我们读书的时代，还没有浓厚的风气。近些年，北大似乎开始关注这些问题。

北大是怎样的，这是个说不尽的话题。我这里写下的，也只是自己的一点求学体会。读书时，我们感到北大汇聚着那样多的学人，思想缤纷绚烂，但走出母校，才感到广大的世界，比校园更加丰富，思想与学术的风光，更变化而常新。我现在想的问题，许多都是读书时不曾关注与意识的。但在思考一个又一个新问题的时候，我就很感谢北大的古典学术传统，它带给我进入深邃的古典世界的能力，祝愿这个传统，能在博雅塔下永葆其沉着而深厚的气象。

中文系的人

邓　芳

我在留学生宿舍里住的时候同楼里有一师妹，在东大读理科的，某次对她的朋友吹牛说："我认识了一个北大中文系的姐姐。"她的朋友问："活的？"师妹云："活的。"朋友继续问："那正常不？"这个亲爱的师妹回答："挺正常的。"……

师妹把这个段子原封不动告诉我，显然是夸我的意思，让我不得不学着小崔回答了一句："你们村就这么夸人呢？"师妹说："不是不是，哇，北大中文系，那且不说了，重要的是北大中文系的女生啊，在我们心目中就不是凡人，都是那样儿的，就是，就是那样儿的你知道不……"我知道，就像我们中文系的一师妹总结过的：俺们国文系的女生，就应该是剪着短发，穿着浅蓝褂子、玄色裙子和布鞋，意气风发地走到街上发革命传单的那种，after 从家里逃婚出来……

可惜我只是一个很正常的中文系的女生，放在人堆里没有任何亮眼之处也没有任何戳眼之处。在留学生宿舍住时，早上起来常蓬着头黄着脸穿着肥大的睡衣就跑到公用厨房去热牛奶烤面包，那副尊容虽不至于吓死人，也足以解构中文系女生的神仙姐姐形象的。若是晚上再在那个厨房做饭，神仙姐姐俺用辣椒一炝锅，就能让厨房里的各国美女们都涕泗横流地落荒而逃——俺拿什么去装不食人间烟火的超凡脱俗啊，本来就是凡人一个。

真的，其实我们中文系的人，也都只是一些正常的凡人而已。

中文系今年迎来了一百周年的系庆。我的第一感觉是，怎么就一百年了呢，九十周年时中文系发给我们的书包现在还在家里搁着呢。（这篇文章发在博客上以后好几位师妹留言表示："哇哇，那个破包我也有啊。"我说，我们可真是如假包换的中文系亲师姐妹啊。什么寻找失散多年的同学，都不用去同学网，有这个书包就行了，简直比掏出半块玉佩来相认还管用。）据说为了这百年系庆，中文系最近忙于编书，发动了老中青三代教职工以及各级学生们写散文、编系史、整理各级学生名录。我这篇自娱自乐的博客文未必能入法眼，仅聊作山寨版的系庆纪念。

中文系的人进系之初都要受两个打击，一个是来自系主任在迎新会上一定要说的"中文系不是培养作家的，是培养学者的"；一个是来自历史系刘浦江老师在古代史课上一定要说的"中文系的人就是没文化"。这两个打击会让中文系的人耿耿于怀很长时间，并在离开以后成为对中文系又爱又恨但绝对终身不忘的记忆。我当年由于先进入文科试验班学习，受的打击比大家还多一个。我们班主任第一次接见我们就说："做学问是要有家学渊源的，你们的档案我都看了，都是普通人家的孩子，这样不行，四书五经是要从小读的，诗词歌赋是要从小背的，字是要从小认的。最重要的是做学问要有一代代的积累和传承，你们都属于先天不足。中国的老话说三代看吃、五代看穿，有些东西后天再怎么补也补不到骨子里了。"我们那时候少不更事，又年少气盛，听了班主任的话很不服气，私下嚷嚷要去查班主任的家谱，就不信他家就世代书香了。后来据我们一个会相面的有些神神道道的师兄讲，我们班主任后背的两块肩胛骨长得极好，是得祖上福荫之相，我们将信将疑，觉得班主任或许真有家学，方才作罢。顺便说一下，大概过了十年以后我读章诒和的《往事并不如烟》，才见识了什么叫"三代看吃五代看穿"。也是那时，在我也侥幸混成了文学博士、却终于开窍看明白了学问之畏途后，才对“家学渊源”那劳什子的重要性心服口服。

于是我们这些好歹也进了名校名系的文学青年，就活活被断言将来当不了学者也做不成作家——哪怕就是在中文系学一点常识吧，还要被历史系嘲笑没文化。那个心情，简直就如同当年我们中文系的师生都看过的某话剧里的那段著名台词一样：“生活太复杂了，现实太残酷了，理想都破灭了，我也不想活了”。当然中文系的人，说什么要死要活大概是没有人信的——都知道那不过是文学的夸张罢了。中文系的人的牢骚也是不用旁人劝解的，其实学文学的人虽然多愁善感，看人生却一般都能看得通透，所以我的同学们现在大多过着正常的靠谱的生活，并相信文学的存在是为了人类精神幸福以及自身精神幸福。我想，这也许就是中文系九年给我的最大的教益。

不过要说我在中文系到底学了哪些具体的东西，我还真说不出来。上曹文轩老师的“小说写作”课也学着写了小说，上臧力老师的“诗歌写作”课也学着写了现代诗，上钱志熙老师的“诗歌分体研究”课也学着写了古体诗，可是如今还是小说和诗歌都写不像样，或者说干脆就不写。我的专业是古代文学，可被人问起会背多少首诗却从来回答不上来——会背的诗的数量应该停留在高中水平，进了大学以后就没有特意背过诗的。《诗经》和《尚书》里的字还有很多不认识，目录学和版本学更不熟悉，来日本以后每每在查资料和运用工具书极其娴熟的日本同学面前觉得惭愧。和日本同学们一起去看博物馆的展览，偶尔能看出的一点门道也全都靠我们文科实验班在历史系的那点底子。前天和研究室的朋友们一起去奈良看遣唐使的特别展，展品中的青铜器的名称是不认识的，书画上的印章也是不认识的，碑文的拓片更是不认识的，好不容易看见了一幅唐代名画的题款，终于斗胆断言“这个是宋徽宗的字”，还真让我蒙对了。日本同学自然要说些好听的：邓桑啊到底是你啊知道得真多啊真是知识丰富啊……素不知我认字也就能认个最有特色的瘦金体，只要复杂到颜柳欧赵都难保不出错。有时候想想，我这样的中文系的人，被说当不了学者、当不了作家、没文化，也真不冤。但反过来说，就算是像我这样的中文系的人，离开了那个园子后在外人面前混一个“知识丰富”或者“才女”的评价也不那么难，幸好我们的中文系让我们见识了什么是大学者、大学问和大才华，才让我清醒地知道永远要对知识和学术保持谦卑，并对自己的无知和浅陋一直有自知之明。

我现在能教汉语也算是中文系教给我的技能之一，可说实话中文系学的那点东西真不一定派上了用场。现在想起当初“现代汉语”的课，我们班是和中文系留学生的硕士班一起上的，课后一般都有作业，分析句子成分啊给拼音标国际音标啊什么的，我总在下一次上课前匆匆忙忙抄一个韩国硕士生的作业交差，而最后考试竟然也考出了相当不错的成绩，可见中文系的好混。现在记得最清楚的就是我们那四川绵阳出身的老师让我们举出一个人称代词作谓语的句子，下面有一个东北同学回答了一个“爱谁谁”，老师却不明白“爱谁谁”的意思，大家在底下七嘴八舌地解释，越解释越糊涂，到最后也没说明白——我才知道原来中国人教中国人汉语也是这么难的。还有一次老师让我们分析句子成分“还有没买票的没有？”这句话虽然不难，却多少有点恶作剧的成分，让我们很是抓狂，以至于后来说起现代汉语课来就会提起这句“还有没买票的没有？”我们的现代汉语老师是绵阳人，当然是有口音的，更不用说古代文学老师、现代文学老师、当代文学老师、文字学的老师、文献学的老师……总之好多课堂都是连知识带方言一块儿学了。后来大家总结出来：中文系的名师大多是有口音的。我们这些非中原出身的蛮子也为此沾沾自喜，至少在中文系有口音也不会被歧视吧。北大中文系每两年会有一位古代文学的老师来东大的中文研究室做外国人教师，钱志熙老师和刘勇强老师先后来过。据说后来陆俭明老师有一次到东大中文研究室来跟学生们聊天后大惊："天哪，这里的学生们个个都说着一口钱志熙式和刘勇强式的汉语……"钱老师是温州人，刘老师是江西人，上过他们的课的学生都有体会：用温州普通话读诗和用江西普通话讲小说是别有一番风味、甚至比普通话更耐听的。依然记得钱老师讲汉魏诗歌时饶有韵味地读"上山˜采蘼芜，下山˜逢故夫"，两个"山"字拖长音且有起伏，韵脚则低低地降下来并短促地刹住，顿挫抑扬，再加上温州话的一点执拗和秾软，真真是如怨如慕、如泣如诉。自那以后我再用平淡无味的普通话读诗都觉得自惭形秽。然而方言的韵味是外国人很难模仿的，被我可怜的日本同学们学会了也只能增加交流的障碍。所以我现在常以此警醒自己一定要努力说最标准的汉语，包括轻声和儿化都是一定以最新版的现代汉语词典为标准——做了几年汉语教师，我的普通话倒是修炼得炉火纯青了，然而也有问题，一是只说教科书式的完整句；二是说话越来越慢；三是口语词汇量最多只剩下三千……说着这样的中文的我，也曾经是为"中文系的名师大都是有口音的"而得意的中文系的人，不知道是进步还是退步。

当然，中文系有许多好课，不过身在其中的时候未必真能判断什么课是多年以后真正管用的。我曾经去听过裘锡圭先生的文字学，然而终于没能坚持下去，后来裘先生也离开了北大，再也没有了弥补的机会。进北大之初师兄师姐就对我们谆谆告诫："老先生的课一定要抓紧听的，听一次少一次。"这句话在当年听着多少有点刺耳，我也一直以为自己在中文系的日子还长。而现在仔细想想，在我在中文系的九年和离开中文系后的六年中，有好些老师离开了北大中文系，更有好多老先生乘鹤西去。我们的师祖陈一新（这是先生的字，先生的名讳这个电脑打不出来）去世时，钱老师的挽联中有一句"从此程门成永立"，反用了程门立雪的典故，将弟子对先生永逝的怅恨表达得淋漓尽致。记得那个冬天几位老先生相继去世，我们那时正上庾信的讨论课，读到《小园赋》里“龟言此地之寒，鹤讶今年之雪”，竟是满教室静默无言——也是那时开始深知文学的力量——原来最能恰如其分地表达那么深厚沉痛的感情的只是两句诗，也只需两句诗。还记得林庚先生九十大寿之时，褚斌杰先生给林先生的寿联是“多德多寿多桃李，美名美声美文章”，而今天林先生和褚先生却都已经仙去，只有那幅对联我依然记得。

中文系最热门的课当属钱理群和陈平原两位老师的，我们本科时为了上这两位老师的课也不得不集体大占座。一次钱理群老师的课我辛辛苦苦占了四个座，被一个法国大胖子把我的占座本扔到一边，神色自若地就坐下了。我们四个女生跟他理论，告诉他桌上放一个笔记本就表示这里有人的意思。无奈法国胖子装不明白，就是不让。后来我自己当了留学生，发现装不明白这一条竟然是留学生

我们的五院

最惯用也最管用的手段。而平原君（这是我们中文系的人私底下对陈平原老师的昵称）的课大家有了先见之明，去得晚的会自带报纸，往讲台的脚上一铺，不仅能坐得安稳舒适，还称得上近水楼台。平原君每次去上课，若是发现还有站着的学生，便会指着讲台的边沿一伸手，如同豪爽好客的主人般说一句“随便坐”。于是大家便相互匀一匀报纸，挤挤挪挪地在讲台沿儿上坐成一排，颇有些幼儿园小朋友“排排坐分果果”或者老农民们蹲坐在田埂上唠嗑似的喜感。很多年过去，课的内容其实到现在也没有记得多少，可是先生们的风范却仍存于心，清晰如昨。

说起中文系先生们的风范，我们这起不知天高地厚的学生也学着用古人品评人物的方式去评价先生们，比如林庚先生是“仙风道骨”，讲诗多哲思和妙悟的钱志熙老师、嗜书嗜酒的傅刚老师则颇有“魏晋风度”，而袁行霈先生的高大恢宏、我的导师葛晓音教授的豪爽大气，无疑是“盛唐气象”的代表。至于常常穿着一身考究的布衣青衫、对酒对茶都极讲究，又做得一手好菜的张鸣老师真得了宋代文人之风神。还有好几位给我们上过课的老师，如今都已退休，但那个范儿让我至今难忘。比如张联荣老师给我们上古代汉语课时每次总是带许多参考书，每本书上都贴满了标记，让初入大学的我们切身体会到学问的勤谨与踏实。记得张老师讲“温良恭俭让”，引经据典一个字一个字地详尽讲解，在我们彻底理解了这五个字后突然觉得，张老师本人就是对这五个字的最好的诠释。还有周先慎老师为我们讲文学史时讲到《牡丹亭》里杜丽娘的青春的觉醒，讲得细腻入微，那时正当春天，在风薰日暖、莺飞草长中听那么美的课真叫人如痴如醉；而葛晓音老师讲诗每每用到诗话中许多精妙的词汇，至今都记得她讲建安风骨时用的“千百年来人生咏叹调中的洪钟巨响”，讲开元诗坛时用到的“风云际会”，还有讲李白诗用到的“汪洋恣肆”，让我们记笔记的时候都忍不住遥襟俯畅、逸兴遄飞。当然我们这些中文系的人品评人物的清议玄谈，有时也有意想不到的娱乐效果。我读博士期间一直照顾的一只流浪猫，长得肥头憨脑腰圆体胖，性情也极讨人喜欢，加上我这个中文系的主人不遗余力地炒作（说起来中文系给俺的笔杆子基本上百无一用，这么多年发挥的最大效用好像就是在网络上炒红了一只猫），它一度获得“燕园第一名猫”的称号。唯有我们中文系的一同学对这只人见人爱的胖猫瞅了一眼摇摇头，颇为不屑地说：“长得一点儿都不骨格清奇……”“骨格清奇”这么好的四个字和那只以肥为美的燕园名猫产生了这种奇异的关联，似乎对两方面而言都颇有些罪过可惜。

说起中文系的人，当然不能不提我们的五院。我喜欢我们的五院，那个古朴齐整的小四合院让我们的中文系平添了许多家的亲切和街里街坊的人情味。虽然我在校的那些年系里一直三令五申不要用教研室上课，幸好老师们大都敢冒此大不韪而依然我行我素地拿着教研室上讨论课，我们才得以每个星期都能在五院里坐一坐。总记得秋冬之际静谧温暖的下午，阳光从疏朗的树枝间穿过，再从雕花窗棂的空隙里照进我们的古代文学教研室，我们在斑驳的日影里团团围坐一起读诗——现在想想，那幅情景本身就仿佛是为了回忆而存在的，可以入画，可以成为电影镜头，也适合做成一幅发黄的老照片，用来回忆我们一生最美好的青春时光。如果说现在的我还算走在学术的路上，那也是我们的五院让对学问一无所知的我一点点摸到了学术的门槛，是那个充满阳光的小院让我体验到了学术的神圣、庄严和明亮。现在我回国时也总喜欢到五院去逛一圈，系办公室杨强老师大嗓门的招呼和一连串底气十足的笑声，研究生教务小魏老师总要关起门来跟我说几句私房话的亲热，以及无论碰到哪位熟识的老师都会驻足问我留学生活的甘苦和烦难——我想，所谓家，大概也就是这样的地方。

回忆的闸门一旦打开，才发现中文系的故事太多了，这个传说中的“某文科大系”本来就是有故事的，而中文系的人更容易成为故事里的人。百年系庆不知道能挖出多少故事来，还有些故事我们原以为会湮没无闻，却仍在一级一级的学生中口口相传。记得上小说写作课时曹文轩老师曾说过他要写一部以中文系为背景的小说，因为大学里的故事最能集中反映人性最复杂的一面。我自从上了那个课后就年年期待着，然而仿佛直到现在那部小说也还没出现。日本有一小说叫《文学部唯野教授》，已经有了中文译本——有人说简直就是中国大学的写照，我觉得倒未必尽然，只是也由此可知，不管在哪个国家，文学部本身就是一个小说题材，就容易被说成一段故事。

我相信我们中文系的人讲中文系的故事，一定要精彩得多。我盼望着我们中文系的人来写中文系的人。

海水天风　琴瑟和鸣

——记夏晓虹、陈平原二位先生

魏　泉

一

刘鹗的《老残游记》中，最为人熟悉的要数选入了中学语文课本的白妞说书那一节，所谓“明湖湖边美人绝调”。其实在刘鹗这部奇书中，描摹声乐之美的，除了这第二回中写白妞所唱梨花大鼓的荡气回肠，书中第十回——“骊龙双珠光照琴瑟”，更着意渲染了一段琴瑟合奏的出神入化。只是阳春白雪，当然不敌下里巴人的和者之众。而那世外高人隐居的桃花山，也本是“山在虚无飘渺间”，不像大明湖，是居于闹市中人人得见的一处名胜。

吾生也晚，虽生于大明湖畔，而明湖居中的美人绝调却早已被无情的岁月雨打风吹去，更不用说有幸得遇桃花山上的世外高人，一聆那琴瑟合奏的“山中古调”——《海水天风之曲》了。

不过，刘鹗通过描摹声乐之美所要阐发的，是中国传统文化中“和而不同”的哲学意蕴。而能够体现这一思想精粹的，不独音乐。

在我有限的见闻中，与这“和而不同”的“山中古调”可堪比拟的，是在北大听过的一门课——我的导师夏晓虹和陈平原先生合上的一门“晚清社会与文化”。

夏、陈二师，是一对学界佳偶。他们在北大，分别师从季镇淮

夏、陈二位先生

先生和王瑶先生，以严谨的学院派的文化研究为特色，治学的领域各自从古代文学和现代文学进入晚清，为近代文学研究增添了风格迥异的学术成果。

两位老师分属古代文学和现代文学教研室。每学期，各人开各人的课。在正常的情况下，两人同上一门课本不可能。

我 2000 年入北大时，夏老师正由北大中文系派出，在日本作为期两年的教学，归期是在 2001 年 4 月 1 日。在日本期间，夏老师的学生由陈平原老师临时代管。夏老师回来后要开一门课——“晚清社会与文化”。可是，北大 2 月底开学，到夏老师回国，期间还有一个多月的空档。

这样的情况，本来也许就不开课了。所幸夏老师有一个学术上的“贤外助”。以前夏老师临时生病无法上课时，陈老师曾经当仁不让，登台救场。这一次，当我们听说夏老师回国之前，这门“晚清社会与文化”将由陈老师代上时，大家都不禁油然而生一种浪漫的期待。

本来陈老师自己这个学期也开了一门课，开讲“明清散文十八家”。隶属现代文学教研室的老师，把选修课开到了古代文学的时段内，这在任何高校恐怕都算是例外。这不仅显示了陈老师治学领域之宽、学术功力之厚和研究兴趣之博，也表现出北大中文系不固守学科疆界和学术门派的兼容并包传统。

第一课上，陈老师开头抖个包袱，说起《红楼梦》来。说同学们本来是要听夏老师的课，他有点担心大家会像宝玉一样，红盖头揭起，发现黛玉竟然换成了宝钗，被“掉包”了。他害怕看到大家发现掉了包，脸上伤心的表情。

接下来言归正传。这次代课，陈老师其实有备而来。关于晚清社会与文化，陈夏二师有同样的学术兴趣，而二人关注的对象和角度则有不同。借此机会，陈老师把自己研究晚清的心得作了结结实实的准备和淋漓尽致的发挥。

一个月中，陈老师讲了四个专题。都是陈老师近期的研究成果和心得，而且与晚清社会与文化有关。这四个专题是：一、承上与启下——晚清文学的作用；二、报章对20世纪中国文学的影响；三、以图像解说晚清——以《点石斋画报》为中心；四、学术演讲与述学文体——从章太炎的白话文说起。这些精彩的内容，由陈老师兴致勃勃地讲来，对台下的学生来说，既带来知识的发掘、思路的调整、视野的开拓，也伴随着精神上的愉悦享受。

“客串”的开场如此精彩，让从日本回来接过这门课的夏老师“感到有压力”。夏老师4月1日返京，4月4日来上课。开场白也和当初陈老师的妙譬相映成趣。她说：“这门课前边陈平原讲了四次，他自己说是客串，不过他这个客串可能比我这个主讲讲课的效果好，所以对我也是一个很大的压力。我希望下面能够让大家感到还可以接受。”

虽然两位老师的开场都很谦虚、很低调，可是分明能感觉到这门课有点像个擂台了。他们暗暗以对方为参照系，攒足了劲儿各显其能，真让听课的学生大饱耳福。

陈老师上第一课讲“承上与启下”时，曾经说明关于晚清，最大的背景是西学东渐，这个“横”的线索等夏老师回来以后会讲，而他要讲的是“纵”的线索，即晚清与晚明及“五四”的关系。果然夏老师接棒后的第一课，介绍的是在西学东渐的大潮中，晚清文学改良思潮的概况。

也是因缘际会，这门别开生面的课高潮还在后面，其精彩的程度大大超出了我们的预期。其中格外值得一提的，是夏老师请德国海德堡大学汉学研究所的教授瓦格纳先生在这门课上现身说法，传授“报刊研究的策略”。

瓦格纳先生本是研究中国古代哲学的专家，其对《老子》王弼注的研究在国际汉学界广为人知。同时，他还有一大批关于《申报》和申报馆的研究，也引起了学术界的广泛关注。在近代文学和报刊的研究和资料收集方面，瓦格纳先生都有着雄厚的实力。这次到北京，是为了参加4月9、10日在北大举办的“多元之美”比较文学国际学术研讨会。

作为熟悉的朋友，夏老师当即决定请瓦格纳先生在11日的“晚清社会与文化”课上作关于晚清报刊研究的演讲。鉴于汉语是瓦格纳先生的第n种外语，他自己有点担心是否能应付得了近两个小时的学术演讲。“为了让瓦格纳先生发挥得更淋漓尽致”，夏老师“也请了陈平原先生”，让他和瓦格纳先生“一唱一和，充分表演”。夏老师的开场介绍，引来阵阵笑声。

在两天前的“多元之美”学术研讨会上，我们刚刚领教了瓦格纳先生这位德国学者纯熟的英语和法语，现在他竟然又要用并不熟练的中文作学术报告，这份语言能力和勇气都让我们叹羡不已。

刚刚开始的时候，瓦格纳先生的中文表达还不太流畅，但是很快他就进入了角色。他本来就是一个极富幽默感的人，对大家都很关注的报刊研究又的确独有心得，故在这中文的演说中，他竟然口若悬河，滔滔不绝地讲了两个小时，还是意犹未尽。陈老师坐在台下，本来是准备一旦瓦格纳先生的中文跟不上，就挺身救场。没想到瓦格纳先生一个人说了两个小时还不够，竟然没有他的“英雄用武之地”了。

瓦格纳先生演说的“报刊研究”，本来也正是陈、夏二师自如驰骋的学术领域。他们刚刚联手完成了关于《点石斋画报》的专题研究，而夏老师对于晚清报刊的熟悉和使用，在近代文学研究界更是无出其右。瓦格纳先生的演讲，理所当然，也勾起了夏、陈二位先生各自研究晚清报刊的经验和感想，可惜限于时间，这次没能一吐为快。

既然话题赶到这儿，让人欲罢不能，夏老师当即表示，下次课再请陈老师到场，和她一起串讲关于报刊研究的问题。

这回擂台真的摆起来了。

接下来的夏陈串讲，是这学期最精彩的一次课。

夏老师的演说，中心的论点是关于报刊研究在近代文学研究中的必要性。

夏老师说，一直以来，近代文学都是被当做古代文学的附庸。其实，近代文学的研究应与古代文学不同。目前人们越来越关注到报刊研究，不仅仅是今天的研究者不满足于近代文学研究的现状，希望在研究中“出新”。对于近代文学而言，报刊研究也是一种内在的学科需要。因为近代报刊，为我们保留了大量原生态的资料，其阅读感受，绝不同于读作家的诗文集。研究报刊可以帮助我们更好地贴近和理解我们研究的对象。

接下来，夏老师介绍自己阅读报刊的策略和心得。随后，又开出了阅读晚清报刊必要的参考资料和工具书单。

轮到陈老师讲时，他“抱怨”道：“其实他们俩都很会讲。我给拉来当助教都当两回了。第一次给瓦格纳当助教，我一句话都没插上。这次夏老师跟我说，她自己讲20分钟，剩下要我来讲。结果她自己讲了这么多，只给我剩下20分钟。害我准备了大半天，却不得不在20分钟里讲完。”引得大家哄堂大笑。

陈老师表示，要用最快的速度先对瓦格纳先生的报告作六个补充，然后再讲六个问题。

第一点补充，从报刊研究也可看到，美国的中国研究和欧洲汉学的路子不同。

第二点，关于瓦格纳提到的柯文著作《在中国发现历史》，欧洲学者有不同看法。

第三点，研究相关问题中的人际关系的重要性。

第四点，关于“找边缘”和“小题大做”的两个原则。

第五点，瓦格纳提到的两篇学生论文的题目中存在的问题。

第六点，每个刊物都有不同的做法，对于研究者来说，最大的困难在于找到最适合这个杂志、报刊的独特的方法。以不变应万变，是做不好报刊研究的。

六个问题是：

一、与国外学者如李欧梵、瓦格纳的关注报刊研究相比，中国学者的立场和优势何在。

二、学术史的回顾——从80年代初的给作家平反，到80年代后期进入作品的内部研究（这种研究方法延续到现在，具体做法是文本分析）；另外从80年代后期起，逐渐进入社团、流派、主义的研究；90年代后期开始的报刊研究是在学术研究方面的一个突破。报刊研究的优势在于可以兼顾内外和大小。这样才能走出大众传媒和公共空间的思路。

三、报刊研究的另一好处是作家、作品和读者都在一起，在报刊杂志中读者很容易介入进来，运用接受美学做短时段的研究可以考虑借助报刊。但是，报刊研究特别忌讳成为资料介绍。

四、报刊研究的几个具体策略。首先是理论意识，但是需要不断反省；其次是对边界的划定；三是做报刊必须注意文体；四是注意杂志和杂志之间的关系。

五、不同的报刊各不一样。必须注意各种不同性质的报刊之间的不同。比如《申报》和《点石斋画报》的不同办刊策略、对象和题材、风格等等。

六、将报刊作为研究题目和把报刊作为资料的区别。他更看好的是以报刊为资料，来做关于学术史、文学史、思想史的综合性的问题研究。

最后，陈老师还把自己阅读报刊的一些重要技巧拿出来，金针渡人。为了赶时间，陈老师的语速就像后浪推前浪，越来越快，最后的一句话——“这就是做学问的方法”，就像一首乐曲的最强音，在高潮处戛然而止。

台下响起的掌声由衷地热烈。

这一番既是夫妇，又是同行，还是对手的课堂操练，让人联想到《老残游记》中那一曲“妙到极处”的《海水天风之曲》。“晚清社会与文化”这门课，不就是一次令人荡气回肠的琴瑟和鸣吗？

二

如果把做学问比作盖房子，二位老师都称得上能工巧匠。不过，他们的建筑风格迥然不同。

陈老师要建的是恢弘气派的大宅院，而且还不止一处。他先设计蓝图，再亲自勘察地点，挑选正殿的梁柱，搭起架子。房子的飞檐斗拱、门窗式样，包括画栋雕梁，他都做好一个样板示人以轨则，而剩下的添砖加瓦，他留给别人做。在一处宅院还没最终建好之前，他已经在考虑下一间房子的样式了。像陈老师最初和钱理群、黄子平老师共同提出“二十世纪中国文学”的文学史概念，他独力完成的《二十世纪中国小说史》第一卷，还有承王瑶先生遗志主编的《中国文学研究现代化进程》初、二编，以及专著《中国现代学术之建立——以胡适之、章太炎为中心》等，都是带有发凡起例意味的学术工程。

《千古文人侠客梦》，是陈老师诸多引人瞩目的成果中比较独特的一部。且不说这本书特殊的写作时间和心态背景让人忍不住联想到作者是不是“别有幽怀”；也不说当初这部满纸刀光剑影、纵论豪杰游侠的书稿曾在广州火车站被劫，而“纸上谈兵”的陈老师却只能束手兴叹；只说这部以武侠这类通俗文学作为研究对象的著述，冠以“武侠小说类型研究”的副标题，一下子就提升了关于通俗文学研究的理论色彩。这部著作，不仅在研究框架和论述策略的设定上，被不少学者认为具备“发凡起例”的意义，而且，其将小说形态学的研究与文化发生学的探讨相结合的做法，很大程度上沟通了文学的“内”与“外”，使得这本书的阅读和阐释都超越了文学研究界，并实现了对原有的类型学理论的一次重要突破，成了陈老师所有著作中最“名声在外”的一部。

在百尺竿头，陈老师犹能更进一步。十年后当这本书由新世界出版社再版时，陈老师不仅又加进了两篇关于武侠小说新的研究论文，还独具匠心地把自己新近关于图文研究的创获与武侠小说研究相勾连。在章节之中，陈老师插入了陈洪绶的《水浒叶子》和任熊的《剑侠传》的精美图画。豪杰与游侠、图像与文字，在此书中相映生辉。

跟陈老师比，夏老师所建的就好像一座玲珑秀美的辟支宝塔。

虽然占地并不多，但幽处于山林胜境，遗世独立，挺拔雍容。建塔的一砖一石，夏老师都亲自打造，不计工本时日，但求精致无暇。这座宝塔因僻处山林，也许一时不为大多世人所知。但其设计之巧、做工之难、工艺之精、砖石之固，注定了它能传之久远。夏老师关于梁启超的研究——《觉世与传世》，关于晚清文人妇女观的研究，对晚清报刊的翻阅爬梳，对晚清翻译文学的辨析，对近代都市文化研究的介入等等，都做得细密无匹、精益求精，显示的是作为学者另一个难能可贵的侧面。

夏老师用功最深的是一些万字以上的长篇论文，这与多数学者的看重一二十万字的著述有些异趣。夏老师的著述，多是这些单篇论文的结集。而说到作者所下的功夫和论文的学术含金量，明眼人心中当然会有一杆秤。在当今学界常以字数、数量论高下的时风中，肯像夏老师这样做学问的，本来就不多，而能做到夏老师的地步，除了淡泊宁静的心态，还需要相契于学问的兰质慧心。

比如夏老师那篇《批茶女士与斯托夫人》，就称得上是一篇“奇文”。在晚清翻译文学的译名这样一个看似不起眼的小问题上，夏老师花了常人不能比的大功夫，锲而不舍地追踪、考索，“不惜找遍全世界”（陈老师语）。特别是，她将喜欢侦探小说的个人趣味带入学术研究，以侦探笔法融入考据，因此使得在一般人眼中原本枯燥繁琐的考据变得兴味盎然，引人入胜。在严谨细密的学风中不失狡黠机智的趣味，把繁重琐碎的考证过程变成史海书山的探险经历，在这方面，夏老师独擅胜场。

如果说陈老师治学的特点是“大”，那么夏老师的特点就是“细”。这样的比较或可见短长，但无由判高下。就像《庄子》中说：“自大视细不明，自细视大不尽。”在各自的方向上，他们都要比别人走得更远些。

对比一下二位老师各自的导师对他们的评价，应该很有意思。

曾听陈老师说起，王瑶先生评价他早期的研究说“才华横溢”。他还没来得及高兴，王瑶先生又说，有“才华”是好事情，但是“横溢”了就不太好了。陈老师自己承认，早期的论文里有逞才使气的成分，王瑶先生指的就是这点。陈老师此后的研究，依然富于才气，但明显讲究功力扎实、考证细密，让才华的激流，奔涌在理性的河岸之间。王瑶先生晚年，曾书赠陈老师一副联语：“讵关一己扶持力；本有千锻百炼功”，应是对陈老师学术功力的认可。

而季镇淮先生给夏老师的《诗骚传统与文学改良》一书作序，说到夏老师的文章，曰“善于叙事说理，材料运用妥帖，逻辑性强，而最大特点是平实：既不故作夸饰过甚之词，也不追求一鸣惊人之论，不显山，不露水，而才华潜藏其中”。跟王瑶先生对陈老师的才华“横溢”的评论相映成趣的，是季先生说夏老师的才华“潜藏”。季先生认为夏老师为人、为学都能“不求闻达、不蹈虚空”，故其才华“尚多有蕴蓄，远未完全发挥”。

前辈学者的识力，蔼然长者之心，思之令人感佩。

三

在治学的路数上，陈、夏二师尽管能分出许多的“不同”，但他们之间，最大的特点还是“和”，或曰“殊途同归”。

《老残游记》里，玙姑对申子平说，她和黄龙子合奏的那支《海水天风之曲》，“不但此曲为尘世所无，即此弹法亦山中古调，非外人所知。你们所弹的皆是一人之曲，如两人同弹此曲，则彼此宫商皆合而为一。如彼宫，此亦必宫；彼商，此亦必商，断不敢为羽为徵。即使三四人同鼓，也是这样，实是同奏，并非合奏。我们所弹的曲子，一人弹与两人弹，迥乎不同。一人弹的，名‘自成之曲’；两人弹，则为‘合成之曲’。所以此宫彼商，彼角此羽，相协而不相同。圣人所谓‘君子和而不同’，就是这个道理。‘和’之一字，后人误会久矣”。

说到“和而不同”，夏、陈二位导师在治学方面正是如此。他们从不同的时段和方法进入近代文学，在研究中各自表现出鲜明的个性，更形成了很多共识，并且潜移默化，互相影响。

他们合作过的著述，从最早的编选近代小说史论资料，选编近代学者追忆丛书，到带领学生一起尝试图文并茂的《触摸历史——五四人物与现代中国》，再到共同研究注释《点石斋画报》，又同时关注晚明与晚清，关注大众传媒与现代中国，倡导、参与都市研究等等，果然是“此宫彼商，彼角此羽，相协而不相同”。

陈、夏二师做研究写文章，在强调立意新颖、视角独特、考证详实、思路严谨之外，都非常留意文字、章法之美。

陈老师的文章才气恣肆，长于立意布局，既旁征博引，又独具匠心，是受人推崇的“学者之文”；夏老师为文则细腻平实，讲求字句的锤炼、语气的妥帖，没有丝毫的粗糙芜杂，真得桐城文的“雅洁”。而叙事言情，见学养于平实，寓深厚于淡远，另是一种难以企及的文字高境。

对文字敏感讲究的人，往往表现出一种在措辞方面的“洁癖”，或曰对“语感”的苛求。从二位老师改学生的文章，最能看出这种“洁癖”。

他们对学生的论文，都强调问题意识，强调注意进入论题的角度，要求论述思路的清晰和材料的层层推进，以及理论观点的总结和提升等等。陈老师会相对比较关注论文的整体思路和框架，在他评点各种论文时，常常听到他说“这个题目要是我来做”，会如何如何……每听到这样的话，有时候让人觉得欣喜，有时候又很无奈。因为如果问题出在思路的调整上，尚可努力；而有时症结出在眼光和功力上，虽然心向往之，可武功的修习毕竟需假时日啊。

夏老师对学生的指导，往往是行胜于言。她改学生的论文，除了论述的完整和结构方面的要求之外，总会细致到行文语气的斟酌，甚至标点的对错。在高校中，像夏老师这样给学生改文章的，我未见第二人（在我的见闻中，陈老师也有过把学生的论文“几乎每一行都改过”的记录。不过那应该是见贤思齐，从夏老师那儿学来的吧）。看到老师花那么多心血改你那些粗心而又低级的错误，怎能不让人惭愧呢？所谓“桃李不言，下自成蹊”，慢慢地在细节方面，学生们也就养成了一些好习惯。

他们较早共同关注的城市研究，近已渐成学界热点，而二人的兴趣和目光又是同中有别的。

生长于北京的夏老师认为“上海是一个很好的城市”，她曾给研究生开过一门选修课，名曰“近代上海的文化空间”。夏老师以开阔的视野和细腻的考释现身说法，传授其城市研究的心得路数，让选修此课的同学也都每人各出机杼，选一个感兴趣的题目在课堂上交流。一学期下来，各样题目琳琅满目，大家切磋商量，彼此也都有满意的收获。

而来自广东的陈老师，却对古都北京情有独钟。他不仅开出“北京文化研究”这门选修课，还与哥伦比亚大学东亚系王德威先生共同发起和组织了“北京：都市想象与文化记忆”国际学术讨论会。早在2001年开出的“北京文化研究”讨论课的第一次课上，陈老师就坦言，上海文化研究已成热点，而北京研究却还蓄势待发，希望借由这门课，引导学生开始关注这一领域，并以新的视角、方法、策略进入这一研究。希望十年后，当“北京研究”成为学术界共同关注的话题时，他的学生能够拿出够分量的学术成果，并成为一支重要的研究力量。“北京研究”的渐为世人所瞩目，固然有许多学者的努力和参与，而陈老师的倡导之力，应该是功不可没的。

二位老师对学生，严格而有情，师生之间的交流也很多。春天一起春游踏青，雅集“江亭”；秋天一起登高赏月，推杯换盏。可是，在学生心目中，敬畏之心仍无时或已。因为一旦挨训，不要说陈老师是声色俱厉，连从来温和淡定的夏老师也是威坐正色，说得人屏息惭愧。他们不但对自己学生的论文，指瑕攻错，不留情面，外面学校请他们去做论文答辩委员时，他们也不肯因为情面而降低学术标准。

陈老师在北大中文系现代文学专业的论文答辩中，是有名的严格。请了他，就意味着论文要受到严格的挑剔。但陈老师常有发人深省的意见，不听听也是损失。外面的学校来请，论文寄过来，陈老师看过后婉谢道，你们还是请别人吧，如果一定要请我，那我会给这篇文章不合格。因此，请陈老师去演讲的学校挺多的，但请他去做论文答辩委员的却很少。

夏老师有一次参加外面的论文答辩。其中一篇很差的论文，根本达不到博士论文的要求，但学生的导师却极力揄扬，答辩委员中也有人提议给“优”。这本是该系的“常情”。相当一个时期以来，这里的论文答辩不但没有人不过，而且全都是“优”。但此刻，夏老师却忍不住当场质疑了：“这样的论文怎么能给优呢？”不知道在场的其他学者听到这句话是什么样的心情。恐怕，以后也不会再请夏老师来答辩了吧。

有时候想一想，建立学术规范，坚持学术水准，靠什么呢？恐怕不单单要靠专业知识和考查制度，还有学术良知；也不仅仅需要呼吁和讨论，更需要已经身为教授、博导的每一个学界中人身体力行吧。

“师严而后道尊”，我爱他们的严格。从二位导师的身上，我看到的不仅是学者的纯粹，更是学术的尊严。

我在北大的修炼

师力斌

2008年6月下旬，我从北大畅春新园学生公寓搬出来，北大七年读书生活结束了。说是读书，实际上是读书、听课、办刊、打工，四分天下。

我是拖家带口上北大的。从2001年到2008年，我在北京换过十几个住处。每当问起我的女儿，她总会说，畅春新园她最留恋，北大校园最好。

在2001年考入北大中文系读硕士之前，每次出差到北京，总会抽空到北大来一趟。我有个同事在生物系读研，住在靠小南门的40号楼，宿舍虽小，天地却宽。我不止一次跟他说，你的现实就是我的梦想。我想死北大了。

考上北大之前，我曾狂妄地想，我比北大学生更像北大学生，发过诗歌散文，单位还资助我出过一个小集子。除了孔庆东、余杰，也没有听说中文系哪个学生写过什么东西，天下也就那么仨俩人物。

然而，等进了中文系，开始上课后才发现，自己是多么浅薄，多么狭隘。第一次上课受打击，是洪子诚先生的诗歌选读课。上课的学生济济一堂，很多人站着听课，场面火爆，像是抢购。按说自己也是搞诗歌的，在这个课上却像个门外汉。第一节课的发言就遭到了先我一步经过严格北大训练的高材生们的批驳。洪先生的一名弟子有一句话刺激性非常大，大意是某某同学所秉持的仍是80年代的知识储备，言外之意是早已经落伍了。当时，我还不太理解这句话的分量，还不明白是指一个人真正理解文学，特别是做当代文学研究，要经过相当的学术训练。因此，讨论发言、写论文，都是原来那一套随感式，敢说敢写。入北大第一个学期选修了九门课，除了英语和政治，一共写了七篇作业。听起来是作业，实际上都应是严格意义上的学术论文。可谓题材广泛，没有不敢写不敢研究的。现在看这些作业，真是狗屁不通。我的北大本科出身的同学，他们一般都只选两到三门专业课！

我是带着强烈的文学梦想来的，然而，到中文系遭遇的当头一棒便是，中文系不培养作家。导师张颐武先生在第一学期只给我开了两本书，一本是伊格尔顿的《当代西方文学理论》，最好是伍晓明的译本，而我只弄到了王逢振的版本；另一本是杰姆逊的《后现代主义与文化理论》，唐小兵译。张先生说，要把杰姆逊的书当成红宝书来读。这句话我以为是我在北大得到的重要教导之一。

然而，我根本读不懂。我不明白，一个文学专业的学生，为什么非要读一本文化的理论，而且是外国的理论。在北大的痛苦就是从读杰姆逊开始的。由此，我才知道中文系不培养作家是一个什么概念。再到后来，就是硬着头皮阅读各种各样西方文学理论书籍。由杰姆逊摸到伊格尔顿、马尔库塞、阿多诺，到霍尔、雷蒙·威廉斯，再到罗兰·巴特、福柯、德里达，这个书单是个超级链接，套用刘震云小说《一句顶一万句》的话说，一个事扯出十个事，一个问题扯出十个问题，一部著作涉及十部著作。最后就淹没到西方理论的汪洋大海中去了。有一句经典台词就是，中文系学生不读小说。可以想见，这对于一个怀揣文学梦想的人来说有多么荒诞，多么残酷。

直到2004年硕士毕业，我才真正明白为什么要读这些理论，为什么文学离不开政治，为什么不叫作品而叫文本，为什么中文系的师生要研究大众文化，而不是纯粹的文学。在中文系受训之前，写论文是野狐禅，受训之后又成了小脚女人，引经据典，处处小心，然而内心创新的野马又狂奔不止，这种痛苦不堪忍受。每写一个观点都会想，曹文轩先生会怎么看，李杨先生会怎么看，陈晓明先生会不会挑毛病。从此，我真正理解了北大的严谨，理解了学术是需要传承的，也理解了什么是学术之苦。

摸到了门道，也就没有了之前的狂妄。在课堂上，我总能遇到那些理论读得如数家珍、用得像土特产一样的牛人。人家不跟你比读贾平凹、王安忆，人家跟你比英语原著，跟你比海德格尔，跟你比行文能够气死人的德里达。在课堂上如鱼得水的总是那些满口德里达的学生，而这恰恰是我的痛苦。我于是崇尚独自看书，很少听什么大师的讲座，特别害怕教室里挤得水泄不通，末了还要凑上去签名的场面。

但我发现，有一种讲座不该错过，那就是当代文学教研室的论文答辩。论文答辩是五院的精品菜。五院是最经典的课堂。中文系当代教研室活跃着各种不同立场和观点的老师，每次学生答辩都会变成老师答辩。陈晓明偏右，韩毓海偏左，张颐武不左不右，曹文轩固执文学本体论于胸中，那个激烈讨论的场面，真是比看戏还热闹。

硕士三年是蹑手蹑脚的三年。北大牛人太多，我的自卑感无时不在。当时，我和心理系的学生住在一个宿舍。我听他们说北大自杀的学生不少。我一入学就立誓，不自杀，不离婚。

上北大时，年龄已过三十，是中文系最老的学生之一。在食堂打饭，师傅会问，老师，你打几两？很受刺激。我在五食堂旁的摊子边修自行车，两名女生过来说，师傅，你看我的车子能不能修？大学本科时，我是班里最小，到读研时，我最老。这就是人生的戏剧性。但这种痛苦只属于表层，它远远不及读书的痛苦。通过硕士三年的修炼，我从一个一穷二白的门外汉变成一个满脑子理论概念却又自知浅陋的老书生。我这样总结前半生：做人比较成功，做男人很失败。前者，因为自己能按内心生活，选择了真正热爱的文学；后者，出于上不能报国家，下不能孝父母，中不能养妻女。而立之年，无房无车，饭碗都没有。小平同志二十来岁就当大官了。博士答辩时，不禁感慨个人经历，读本科时是动乱，读硕士是非典，人生不易呵。

2003 年是我在北大最难熬的一年。为了防止 5 岁的女儿被感染，我在封校前两天，在镜春园租了一间平房，据说，是季羡林先生的邻居，屋前有池，季先生亲种的荷花。我每天要陪女儿在校园里逛，中午就在未名湖边或民主楼东北角的小山坡下的一块石头上吃饭，饭后和她到图书馆北面的草地上找蒲公英，靠天伦的力量来打发时光。也就是在那时，我喜爱上了这种又黄又白、可飞可驻、既脚踏大地又向往天空、虽然弱小却能将子孙遍撒五湖四海的植物。陶渊明独爱菊，余光中独爱莲，我虽非牛人，也终于找到了自己心爱的花儿，蒲公英。这可能就是所谓的人生启悟吧。

也正是非典，五院前边的静园草坪成为我每天光顾的地方。我在松树下看书，复习英语准备考博，女儿在那个革命烈士纪念石碑上玩滑梯，陈云题写的碑名。青青校园，上有白云，在草坪上踱步

烂漫紫藤

的喜鹊像系着领结的胖绅士。自然界的优雅怎能比拟？曹文轩先生将他的课搬在鸣鹤园的凉亭里上，而我的导师张颐武先生，则戴了手套在四教门前的草坪上坚持上课。恐惧和煎熬，制造了别样的乐趣。有一阵曾传言，军方会用飞机从天上往下撒消毒剂，而事实上，那一段时光或许是北大历史上最清静的时光，未名湖有时候一个人都没有。我就绕着湖转圈，独享殊遇。非典最严重的时期，正是我写硕士论文的时期。有一天，我突然接到导师张颐武先生打来的电话，他说，留得青山在，不怕没柴烧。这是我入学以后他第一次主动打电话到宿舍。感动涌上我的心头。

五院是个风水宝地，是一片广阔天地，是各路神仙聚集的地方。小小的房子、院子，但有多少大师来过？每次走进那个紫藤花的大门，看到院内毛茸茸的草坪，就生几分敬畏。铁打的营盘流水的兵，我只不过是一个过客。每每此时，我便产生强烈的过客的心情。北大太大，不是因为未名湖，也不是因为五院，更不是因为漂亮的燕园，而是因为这里的牛人，太多的牛人。不到这里，不知什么是牛人。每开一次答辩会，都会看到各位老师相互赠送新书。记得陈晓明先生将他的《表意的焦虑》带来时，孟繁华等先生不约而同瞪大眼睛：晓明又出专著了？遑论什么胡适、鲁迅之类的五四英雄，就是眼前的这些大师，自己不吃不喝，一天读书写作十八小时也撵不上呵。这真的是一种绝望感。每每这时，都会强烈地感觉北大不是你的，你只是一个北大的过客，一个前来朝圣的香客而已。五院的小庙属于大师，属于学术狂人。我甚至听说这样的典故，贺桂梅老师每天只睡三四个小时。她与我几乎同岁。那时节，我特别焦虑，尤其怕看到年轻的学术狂人们又出了新著。大名鼎鼎的张旭东教授，杰姆逊的高徒，看上去比我还年轻，而他翻译的杰姆逊大师的文集够我啃一辈子。在五院，我完成了硕士、博士论文答辩，听了六年大部分当代文学先我进行的论文答辩，有缘遇见了诸多大师、名人、美女、帅哥，参加了邵燕君老师的当代文学期刊论坛。在五院，我的狂妄和井底之见彻底消失了。所剩的，只有对这座古典风格小院子的尊敬与眷恋。

北大以学术为盛。不介入学术活动，只能算半个北大人。我真正融入北大生活是从静园的一次小型学术聚会开始的。就在五院门口那一片草地上，我参加了由柳春蕊组织的《北京大学研究生学志》的主题研讨，话题是“诗歌的声音现象学”。参加的人还有北大的辛晓娟（即后来走红的武侠写手步飞烟）、王璞，北师大的谭旭东，人民大学的杨庆祥。不知道春蕊兄是如何知道我的联系方式的，但我非常喜欢他五湖四海的学术交友风格。就是这次不经意的交往，吸引我走进了《北京大学研究生学志》的天地。2004 年 10 月，经过研究生学志的招新面试，我加入了这个学术社团。按说自己老大不小的人了，跟一帮年轻娃娃混在一起不是个事，但一个人埋头读书的感觉实在不妙，非常想尝试“学术是聊出来的”的滋味，想通过学术结识牛人，首先是冲着柳春蕊的个人魅力。之后，就开始了长达三年繁忙的学生编辑生活。这是我在北大最充实、最忙碌的日子。为了筹备底层写作的讨论，和现代文学的张春田有过一次长达两个多小时的聊天，投机之至，如坐春风，是我在北大最快乐的一次学术闲聊之一。2006 年下半年，约请北大、清华、南开三校 12 位学友，做了一个《读书》杂志的学术史研究，结识了诸多学科的牛人，有许多讨论、许多美好回忆。法学院苏力教授的研究生刘晗是典型的学术牛人，因学术“债务”太多，没有给这个研究写稿，但和他的讨论使我受益匪浅。此君 2008 年同时考取耶鲁、哈佛、哥伦比亚的博士，最后去了耶鲁。年纪轻轻，道行不浅。此外，还有两件事记忆犹新。2005 年正逢刊庆二十周年。5 月，在五院中文系一楼会议室，协助春蕊兄组织举办了研究生学志新老编辑座谈会，聚集了近 100 号人，场面很大。春蕊兄是个执著而坚定的人，他把会议一直开到下午一点多，会上发言动了真情，眼泪差点下来。我非常清楚，在一个无权力制约、无金钱润滑、组织极其松散、完全靠学术的吸引和个人能力来运转的学生群体中，又是在北大这样学生都比较高傲的地方，要组织指挥 30 来号人办一件事，需要付出多少心血！他为筹办此次活动忍受了诸多委屈，有不少苦衷。会开到下午一点，大家都饿了，但都被编辑部的投入和热情所打动，每个人都坚持到会议结束。这次会给我留下深刻印象。学术不是简单地上课和发言，有时需要投入、信念、坚持，甚至牺牲。

2007 年我主持研究生学志时有了切身的体会，但其中的充实感不足为外人道也。也是在同样的地点，和广西师大出版社合作举办了一次题为“青年与治学”的讲座，汤一介先生主讲。老先生 80 岁了，但思路清晰，娓娓道来，他的治学与人生道路很使我受启发。散会后，我陪汤先生走回畅春园他的公寓。在路上，我问他关于当代中国的哲学研究，他说，当代中国其实没有真正意义上的哲学家，如果有，李泽厚算一家，我本人顶多算一个哲学史家。类似这样的学术判断，书本上鲜见。汤先生当然是谦虚。但他推崇李泽厚是非常合我心的。来北大之后，哲学方面我看书很少，像流行的海德格尔、施密特、胡塞尔等基本不敢问津，太高深了。但李泽厚的中国思想史论，我认真地读了，特别是现代和近代两本深有认同感。他是当代学者中少有的打通古代近代和现代，且对马克思主义哲学和西方马克思主义都下过功夫的一个人，更为重要的是，他有强烈的中国问题意识，对当代中国的社会实践有切身体会。后来，我看到他一篇与杰姆逊的对话，他所站的高度和眼光非杰姆逊可比。这也算是课堂之外的心得吧。

不怕人笑话，北大最让我记忆的是我的打工生涯。在这里，我既当学生，也当过先生。2006 年到 2007 年，为糊口，先后给外国留学生教过三次汉语写作课。这要感谢蒋朗朗先生，他非常体察我这个老学生的生活疾苦，给了我这个机会。在象牙塔里，蒋先生的低调、务实和平易并不多见，让我时时心生感激。但是，给老外上课对学术助益不大，主要为稻粱谋。赚生活费是真，练外语口语是我的心理安慰。举目四顾，四处找兼职的学生何其多。我又何曾想到，中国大学校园里，涌动着如此巨大的打工潮？我始终无法克服对学生打工抱有的耻辱感，像在卖身。勤工俭学或社会锻炼之类的说法不过是遮羞布。老师更名老板，校园转换为劳动力工场，教育变身为职业培训，我无论如何都有一种深深的厌恶。但毫无办法。残酷的生活总以它的不可回避逼着人从中找到活下去的理由，甚至变态的乐趣。

我给美国班的课是在五院二楼北侧的小教室里上的。每次上课走上楼梯，都会有恍如梦中的感觉。自己的中文系生活竟然是这样子的。这不是我几年前想象中的北大生活，但我比起那些每天四处找活的同学，已经很幸运了。我还在北大网络教育学院兼职助教，工作十分繁忙，要备课、布置和批改作业，尤其痛苦的是，要在网上和那些并不懂和并不喜爱文学、完全是混文凭的“学生”讲文学。对牛弹琴就是我的挣钱之道，真是滑稽之极。教了两年多，只发现一个好学生，她后来成了一家报纸的编辑，经常和我约稿，算是我北大打工的小小安慰。

我还是想方设法把精力花在学习上，把别人看电影、谈恋爱的时间用来看书。在研究生学志的日子里，每天都会看许多来自各个学科的稿子，法学的、历史的、哲学的、社会学的，但万变不离其宗，学术的担当和问题意识都是我最看重的。我自知不是一个学术苗子，没有哪一样是自己的专长，但经过研究生学志的三年修炼，眼界渐宽，终于能从学术和理论的拘囿中脱身出来了。最后两年做博士论文选题的时候，在导师的指导下，我非常热情地投身到春节联欢晚会这样一个与文学八杆子打不着的研究对象中来。前五年的学习给了我进入这个研究的勇气和基本训练，我试图从中解释当下中国，认识我身处的这个世界。

开题和论文预答辩都进行得很顺利，我非常庆幸，觉得总算要煎熬出来了，二十年寒窗总算要结束了。然而，就在论文答辩的前一天，导师打电话给我，说研究生院有关老师看了我的材料，认为这是一个社会学的选题，而目前的答辩委员会组成人员当中，没有社会学的老师，必须加入一位社会学的教授。言外之意就是中文系当代文学教研室目前的师资和研究力量，无法或者没有足够资格就这个选题进行答辩。这真是一个严肃而可笑的判断。然而，这也是一个现实的判断。我做梦也想不到，在我行将结束北大七年行程的时刻，遇上了交警。

离答辩只有二十四小时了，而我的论文 25 万字，就是能够请到一位社会学系的评委，就是他或她一小时能看一万字的论文，一天一夜不睡觉也看不完我的论文呵，何况能否请到这样一位大救星还未知可否！ 2008 年的夏天是我最难熬的时光。一面要找工作，为将来的生路操心，一面还要着手毕业论文的答辩。更令人着急的时候，我患了严重的眼疾，在电脑前停留不能超过一个小时。

最后依然是导师帮我解决了这个难题。他请到了社会学系的一位教授。这位教授完全是菩萨作风，在她下课之后，前来参加了答辩会，并在论文上签了字。

这位菩萨放了我一马。我的师妹将一把鲜花及时塞在她的怀中。

我的论文评委由八位教授组成，而且有社会学系的教授，不知道在中文系百年历史上有无先例。

我几乎是磕磕绊绊走出了北大校门，告别了五院。现在，我常坐在《北京文学》编辑部里想，我的北大之行是一部小说，一个人很狂傲地走进北大，很落魄地走了出来。脱胎换骨。那七年是我修炼的日子。

2010 年 3 月 24 日初稿

2010 年 4 月 28 日修改

从学旁记

陆　胤

2001年9月3日，郁热而晴明的初秋傍晚，拽着三箱行李七拐八弯找到中文系的所在地“五院”，擦一把头上的热汗，上下打量，不无失望。才及肩的虎皮墙，狭小的三合院，紫藤花早已落尽，海棠也但见深碧的晚色。这时候五院门前的静园不静，乃是杂乱的工地，中央竖着喧嚣到野蛮的钻井塔，从塔顶垂下大红条幅：“北大新世纪第一口地热井”。

我们这一级本科生，是和“新世纪”联系在一起的。据说为了在新世纪完善本科生学制，系里已经在实施或酝酿一些新举措：被我们赶上的，有本科生导师制、本科生科研、专书导读、扩大保送研究生名额等；没赶上的，是下一级开始的入学不分专业，以及再下一级的取消一年级中国通史课。半年以后，地热井工程结束，搬迁万柳的“内部消息”开始流传。说怨念也好，却总是生发于爱恋。年复一年，发现五院的门墙越来越高，五院的魅力也不仅那一年一度的紫藤架与白海棠。虽说到如今还不过是个不得其门的初学者，却也踩着前辈的肩膀，稍稍窥见过门墙之内的美富，幸甚至哉！聊记数事，以待他年之追忆。

“没文化”与“扯远了”

刚入学的时候，还没有什么专业课，满眼是“大学英语”、“高等数学”、“毛泽东思想概论”之类。当时给与我辈最大冲击的，乃是历史系刘浦江先生据说从1993年起就在中文系讲授的“中国通史”。他那句“你们中文系没文化”的棒喝，已经流传到近于神话的地步。当时诸位同学对此语评价不一，义愤填膺者或者有，记忆中似乎更多的是无所谓（我也在其中），或者已经从学长那里风闻这一“雷语”，见怪不怪。现在想来，却是很值得回味的妙典。古来有“儒林”“文苑”、“专家”“通人”之辨，对于这一酷评，自不必妄自菲薄而盲目接受，也不宜轻轻放过，使之沦为笑谈。

那时候是在三教五楼上课，放眼望去中关村一片空旷，大概只有“太平洋”戴着洪子诚老师戏称的瓜皮帽傻站在那里。我上课时常走神，要细看这在江南很少见识的深远的秋天，也因为这位刘先生四川口音很重，令还处于管肉包子叫“肉馒头”阶段的我很不适应。然而渐渐就发现了其中的趣味，不在于照本宣科，而是不由自主地“扯远了”的段子。比如某一天说到我们今天上课的教室，七年以前，曾有人从窗口跳下去，怀揣一张字条，上写“□□□□必胜”。当时就感觉莫名惊悚。当然更多的是用史实推翻我们中学时代养成的历史常识，比如说“中华民族”的概念起于晚清，郭沫若引《新唐书·地理志》不查原书，北宋亡于金乃源于宋之背盟等等。这些现在看来属于常谈的内容，对于刚刚从应试教育中解放出来的我辈而言，刺激是极大的。后来上到本系的专业课，发现中文系的老师也颇擅长于“扯远了”，且学术人生的精华常在这一“扯”之中，令人回想不已。

有一天上课去晚了，正兀自在课桌下面偷啖博实肉包子，忽闻老师唤我姓名，心中一紧。这才刚过了半期考试，我在问答题中颇为放肆地发表了几通怪论，寻思莫非要因此亮红灯？抬起头来，谁想师言不错不错，能把“史学”与“史识”相结合，借此发挥了一通刘知几的“才、识、学”说，并及章学诚的“史德”论。这位刘老师是邓广铭先生的高足，本行在辽金史。但他很少讲关于本行的内容，并说一个学者，对本行要吃透，对邻近领域也要有发言权，好比做清代史学或文学研究的，提到乾隆某年，立即反应出是公元某年、这一年有什么事，固然不在话下；但若仅止于此，而不知“嘉祐”与“元祐”的前后、唐制与宋制的因革，便是有缺憾。这些话，说给刚刚开始学习生涯的本科一年级学生们听，可以说是种下了问学的种子。

本科生导师制

系里从我们这一届开始实行“本科生导师制”，就是让部分老师带本科同学看书，领他们早早上正路。班主任王风先生安排此事极为用心，专门开了两次班会作动员。记得那时候古代文学、比较文学最热门，现代文学则稍形寂寞，于是我欣然报了这寂寞的一组。结果揭晓，我们组由吴晓东老师带领。

吴老师真可谓“时中之君子”，很有风度。见过我们几个小毛孩后，就邀请我们上门做客，指定由“组长”某同学组织。集合的通知以电子邮件发送，我刚入学没买电脑，未能及时看到邮件，便错过了这次聚会，懊恼良久。

聚餐之后就布置下了读书任务，是看沈从文的小说，每人写一篇二千字的小文。我想终于来了表现的机会，便去旧44楼下面的周末文化市场抱回来一套人民文学出的《沈从文小说选·散文选》（当时还没有全集），在小四教“黑白颠倒”地用功了好一阵。需要说明的是，北大早就没了通宵自习室（据说80年代还为此闹过学潮），但以前的小四教号称能彻夜，因其教室小而多，楼管不耐烦一个个清理，到点了只是锁门了事；而每个楼层的照明闸又是独立的，熄灯了可以再开。（如须中途离开，则要从一楼男厕所的窗口跳下去，那下面有一张破课桌接着，不会受伤。）我在一堆“红宝书”、“黑宝书”的包围下打开《小说选》，倒在小四教特有的长条凳上，为翠翠和三三们哀乐着。

我进大学之前全然不知道沈从文其人之存在，更不知道天地间竟有此种文字，小说还可以如此诗意地抒写，自然拜倒。极言之，几乎是用“治经”的办法一字一字地看过，甚至钩沉出不少自以为是的微言大义。（莫非湘人小说亦有如屈赋一般美人香草的寄寓？）然后到昏暗的北新商店买了那种周围有很多空白的大号四百字稿纸，用整整一天，刷刷刷写了二十来张。阿弥陀佛，平生没有写过这般的长文字，再删节修饰，改到六张，读了两遍，用工工整整的正楷字誊清在小号稿纸上，投到五院的信箱里。

接下来一次谈话是在五院的教研室，教研室的桌肚里永远是各种奇怪的杂志和报纸。吴老师将所批改的读书报告一一发还。虽则在整体上加以鼓励（尤其肯定字写得好），却指出太拘泥于文本，分析失之穿凿，引用前人论说不注意分辨等等毛病，令我汗如雨下。然后由同组的同学向我提问，有点像研究生以后的讨论课或读书会。

不知道其他小组是怎么样的。我们这一组坚持了两年，到大三时，吴老师赴神户讲学，而其他同学的兴趣也慢慢转变，小组活动逐渐取消。而我自己，颇为吃力地立志要从“现代”逆流而上到“近代”。这时候，班主任公布，学校有赞助本科生搞“科研”的计划。

“校长基金”

班主任王风老师和上面的吴晓东老师本科时代是同屋，但在生活规则上却完全相反。据说吴老师当初是早起晚归、烟酒不沾，而王老师则是黑白颠倒、样样能来。这习性，到了做我们班主任的时候也依旧，只是添得一手好琴、若干掌故，更有魏晋间人风度耳。

余尝奉诗曰：

攻书愿作丧家犬，醉酒求为得道鸡。
点拨桐丝成绝调，一篙撑到武林西。

又尝为笔记，记其酒后妙语云：

二右堂主人（按：王风先生远慕其家右军、右丞风致，因自号焉）自东瀛归，诸门客为设宴洗尘。酒边灯前，小眼微醺，忽一迭声叫曰："做学问当如做狗！"众人大愕，或疑其醉态发作，甚惶惶；或拟其在彼邦受抑，颇愤愤。寻主人颜色复常，徐徐云："尔等初学，牵于论文体例、答辩要领，非局束前识，即囿于定见，岂有能洗心皇古，而文理密察者？真学者异是！属文之初，先尽力脱却一切，沉潜入古，毫无成文之心。至资料山积处，庖丁所谓肯綮者，敛息屏气，爬摸捉探，蓬头垢面，每有不得要领、不成体系之时，如困笼之兽；一有纤微发现，则学腌臜饿狗拾得剩骨，啃咬不已，而终无所得，此夫子累累若丧家犬之情状乎？然学问不经此一番折磨，终不能入第一义。"

此即前诗"丧家犬"的出典（"得道鸡"的今典忘记了）。又：

二右堂师席间谈治学，拈出"妙证如水"一谛，优入圣域，门下咸叹服。其言曰：俞平伯翁晚有河东之患，奉内旨不得研究《石头记》。惟其妻兄某，雅好大观园中事，每与促谈，俞翁亦藉此作屠门之嚼。一日，忽扬眉告翁："予经数年考证，得一坚拔不易之结论：曹雪芹表妹某，眉心有一朱记。"俞熟极《红》书，旋忆香菱眉心亦有一朱记，知某有为而言也。然不言。居有顷，徐徐言："人说铁证如山，我宁妙证如水。"二

右堂曰："昔者，倪元镇有'一说便俗'之叹，若此等，多说一句，便俗矣！"（以上《禺邗逐尘录》第一、七条）

酒边灯前妙语连珠的情境，在本科时代确实所在多有；我们和班主任的关系，也确如战国时代的食客与公子，特别是在万柳的那一年，或许是因为被疏远的寂寞，更需要这种应者云集、相与呼啸的场面吧。在巴沟村惨淡的夜色中，经常可以看到十多个后生簇拥着他们的领袖走向某个小饭馆的壮举。这样的场面下，我常常是提前退席，也不知道彼等要醉到几更，却在第二天早起洗漱时，发现隔壁宿舍多出一位特别的住客。

虽有"学问是喝出来的"这样的豪言，但真做起学问、管起学生来，王老师却是一丝不苟。一边"杨柳依依"，一边"远猷辰告"，正是晋人的真精神。话说大二下学期，学校推出了资助本科生进行科研的项目，大概是由学生自定题目、自己联络导师进行研究，学校则提供数千元的经费，用来购买书籍资料、报销差旅费等等。重要的倒不在"经费"，而是如此经历，使学生能在本科高年级就接触到一流学者，并为其升入研究生阶段做好衔接。王风老师处理这件事很郑重，又开了一回班会。（插一句，有一件事王老师特别自豪：做班主任期间，那么多次班会，除了有一次有一位同学事先请假外，全部是全员出席。）作为班主任，他自然希望愈多同学参加愈好，但学校当时给文科的名额十分有限，必须进行选拔。王老师的选拔办法，竟和正式的学术会议选论文别无二致：让有意参加的同学每人写一提纲，然后亲自一条一条地审看，离自己专业远的，还要打电话给该专业的老师请教。经过这么一番审慎抉择，我在内的三位同学才得到了"校长基金"。

因为久已神往夏晓虹先生的学问，拿到这个"基金"后，便一心想着往晚清这边靠。我从小钟爱苏州话的《海上花列传》，于是提出晚清苏白小说的题目，希望能将文学与语言问题结合起来谈，承蒙夏老师裁可。而当年夏老师班上的王风老师，作为晚清语文问题的专家，也顺理成章地介入了指导。王老师找学生谈论文往往在傍晚，说着说着便到了深夜。记得也是在五院的教研室，桌肚里依旧有很多奇怪的杂志报纸，我们几个做“校长基金”的依次过堂。王老师不会看我们事先写的稿子，而是让学生自己说，看能不能说清楚。我那回就说慌了，而且越来越慌，乱了条理。这时候他会打断，根据你所说的摘要出几点，让你重新打理。这样下来几回，也就愈见其顺。当然也少不了喝酒，这下子我可是怎么也逃不掉了。

“校长基金”最后还有道结题程序，需要一次答辩。王老师除了安排陈平原、夏晓虹老师，还请了做方言学的李小凡老师、做鲁迅研究的王得后先生，阵容完整，形式郑重。那次陈老师对我的文章说了很多“重话”，夏老师则颇为宽容。后来进入师门，旁观师兄师姐们的论文历程，发现往往是在陈老师的疾风暴雨之后，迎来夏老师的和风细雨。“碧海鳌呿鲸掣候，青山花放水流时”（曾国藩《送梅伯言归金陵》），能够领略到如此迷人的两般奇境，班主任王风老师的引导之功令人感动。

结　语

余辈生也晚，不太有机缘聆听鹤发的老先生们的绪论，不敢奢望80年代前辈们那种大块淋漓的意气，甚至也不再拥有90年代学长们那种从容不迫的精神。我们一入学就有绩点压力，要在网上选课（听说下面几届还翻出了“投放意愿点”的新花样），要选满ABCDE各类通选课，要过四级六级，要参加社团积攒经验，要学车学电脑学游泳（据说不会游泳不能毕业），要在未名灌水，要找到生命中的另一半……凡此种种，往往成为BBS或校内上各院系本科生的共同话题。然而，中文系的本科生似不应局限于此，他们应该无日不忧、无日不乐，应该有属于这一个小小三合院的特殊话题，至少在自己的生命中完成这四年别无牵挂一心求学的历练。窃以为来中文系读书，就好比谈恋爱：有的人谈得来，最后幸运地结婚了；有的人谈过了，觉得不合适，依依不舍地分开，但这一段刻骨铭心的初恋，恐怕谁都会铭记一辈子。

上章摄提格暮春写于畅春新园炎冰室

五院的先生们

方　麟

序

大图之西、未名湖之南，是静园草坪。草坪东西对称分布着六座旧式院落，草坪南面是第二体育馆，形成一个品字形建筑群，与未名湖北岸的德、才、兼、备四斋遥相呼应。按照美国设计师墨菲的想法，四斋为男生宿舍，营造得高大轩敞；六院为女生宿舍，因而小巧玲珑。推想墨菲在设计时，考虑到了中国人的传统习惯，水北为阳，水南为阴，才会有如此布局。不过墨菲到底是老外，六座院落的东西布局与中国人坐北朝南的观念相左。所以，我们不妨把这六座院落看做中西合璧的宁馨儿。

六座院落的燕大女生早已四海飘零，如今它们成为了文科院系的办公场所。历史系在二院，信息管理系在三院，哲学系在四院，中文系在五院。中文系的师生都喜欢称本系为五院，据说1998年校庆，进门检查时如果忘带证件了，只要直呼“五院的”保安都会让进，仿佛一说“五院”就是自家人一般。

五院门口的紫藤最是可爱。春天一到，门楣上怒放的紫藤，一蓬一蓬的，垂在那儿像诱人的葡萄。每次进五院，我都有一种“蓬门今始为君开”的感觉。从窄窄的门洞进到中庭，大片绿意挤得满眼都是，更加喜洋洋起来——那是爬满南墙的长青藤。常青藤在院中南墙上自由地攀爬、盘旋，展示自己的攀援绝技，来五院的人都

四、五、六院

会惊讶于它们的倔强和努力。无言的常青藤因此成为五院的焦点，人们争相与它们合影留念。

在五院很容易想起北大中文系的历史，它经历了中国文学门、国文学系、国文系、中国文学系、中国语言文学系的建置变迁，到今年已经整整一百岁。从往昔的文字里，我们还可以触摸到大师的身影，聆听到大师的声音，自然这些只能存在于我们的想象中了。我于是更关注当下的历史，用我祖母的话说：麻布袋，棉布袋，一代管一代。

在我看来，系里很多先生，都有成为大师的可能。我因为喜欢鲁迅，所以向来对鲁迅的资料比较关注。有一次读到系里陈平原先生的文章，说鲁迅用口语演讲，用文言撰学术著作，说明鲁迅作为文体家分裂的趣味与抵抗的立场。当时看得热血沸腾，感觉于我心有戚戚焉，就想冲到五院去找平原先生握手；又觉得此事过于唐突，再说平原先生的手也不一定就正好在系里：此念只好作罢。

我们专业的漆永祥先生也给我留下很深的印象。记得读硕士时去旁听过他给本科生开的“中国古文献学史”课程，漆先生谈及自己的一次学术错误；后来读博士时，漆先生仍然在向研究生谈及这次学术错误。不禁感慨系之，漆先生也许会向每一届学生谈及自己的错误，他这样做，我想既是砥砺自己，也是在告诫学生，读书须谨慎深思。一个人不可能不犯错误，就连裘锡圭先生这样的大家也偶有失误，更何况还在成长中的人。看着书架上漆先生的大作《〈汉学师承记〉笺释》和《江藩与〈汉学师承记〉研究》，就会想起漆先生的勇气和谦虚。

由漆先生又想起我的恩师董洪利先生。前段时间写毕业论文感觉很累，本想元旦放松一下，约了朋友去滑雪泡温泉。元旦前将论文初稿交给洪利师，哪知先生一脸严肃，批评起来；又口讲指画，要我好好修改。元旦之行只好作罢，我又吭哧吭哧改起论文来，连累妻子、儿子也在家中陪我。元旦晚上，师兄从温泉打来电话，醉醺醺地安慰我这个难兄难弟。那一周我写出了三万多字，连我自己都很震惊。看着粗具规模的毕业论文，明白了洪利师的苦心。先生的严厉，我又害怕，又感激。没有先生的严厉，怎么会有学生的成长。

文学专业的先生则要潇洒许多。据说戴锦华先生下课后，刚掏出烟来，就有几只打火机伸到她面前，弄得她不知选择哪只打火机才好。这个传闻来自一位带着巨大耳环的比较文学专业的师妹，我没有考证过，暂且系于此。古代文学的老师们喜欢带着弟子喝酒，吟诗，听戏。我们一个叫做檀作文的师兄，大概被先生们熏陶久了，平生爱看野鸭飞，曾经在中国大地追逐盛开的樱花——樱花开到哪里，他的脚印就到达哪里。曾有人哂其轻薄为文，但是我知道，那文字后面自有考据存在。形式的轻与内容的重是两码事，正像先生们的潇洒不影响他们学问的厚重。

此时若从五院出来，会看到茫茫白雪覆盖着静园草坪。不过想到师友们的勇气、谦虚、严厉和潇洒，心里又暖融融的。等到春暖花开，又可以把皮鞋一踢，赤脚在草地上打太极拳了。

是为序。

一、裘锡圭

印象中古典文献专业的老先生们都很严肃，我见到他们时大气都不敢出，但是打心底里又好佩服他们。这其中最牛的自然是裘锡圭先生了。

关于裘先生，来北大之前就从杰鹏那儿听到过好些掌故。说裘先生曾经把整整一部《辞源》读完，而且是坐在马桶上读完的；说台湾学者管裘先生叫国宝，叮嘱裘太太一定要好好照顾好国宝；说裘先生江湖人送外号“酷吏”，对待学生以严厉闻名。等到去听裘先生讲“古文字学”时，发现原来是一位戴着眼镜、行动迟缓、神态谦和的老先生。

大家都以听裘先生的课为荣，教室里挤满了不同年级、专业、学校的学生，包括大学教师，称裘先生为“教授的教授”，应该不为过的，让人想起史学大师陈寅恪的风范。如果从教学风采上衡量，裘先生讲课并不好听，远远赶不上文学专业的老师，当然更不会像他们那样动感情了。然而裘先生的课却永远听者云集，因为大家知道他讲的是干货，是压缩饼干，吞下去要很久才能消化掉。他上课时有两副眼镜，一副是面对大家时用的，一副是读讲稿时用的。估计是近视加老花吧，可惜裘先生没有中央首长的待遇，所以两副眼镜时常得换来换去。有时讲着讲着就踱到讲台下脱外衣，对大家说“好热”，大家看裘先生的样子想笑又不敢笑。他讲课常常忘记了时间，大家便饿着肚子听裘先生缓缓道来。裘先生是古文字专家，堂庑甚大，从甲骨文讲到金文、战国文字、货币文字、玺印文字、玉石文字、简册文字、陶文，将大家带入一个古代文字世界。先生讲课的内容我现在大半忘却了，只记得他在讲台上辛苦地换眼镜。

他有一个学生，神情气质皆酷肖裘先生，也是驾着副眼镜行动迟缓，我们觉得简直是裘先生的翻版，认为他做裘先生的弟子最相宜。不过我又担心他志乎古必遗乎今，及至有一回我在校园内，看见裘先生的这个学生骑着自行车，车架上载着女朋友，我才发现自己杞人忧天：老夫子学生也可以恋爱的，而且还是个美女。

裘先生还开过一门“金文研读”课，当时觉得自己水平不够，想还是以后再听吧，哪知后来却再也没有机会了，裘先生离开北大，去了复旦大学。我因此得出一个教训：有课堪听直须听，莫待无课空叹息。最近又听说裘先生招了一个博士，蹬三轮出身，没有学历，还是教育部特批的，裘先生之爱才可想而知了。北大之失裘先生，复旦之得裘先生，不正像孔子所言“人失之，人得之”么？如此看来，裘先生暮年去上海开辟第二战场，可谓得其所哉。

二、李家浩

李家浩先生是裘锡圭先生的弟子。如果按照北京土著居民的观点，李家浩先生讲话那不是一般的口音问题，简直就是说鸟语的南蛮。三十一年前，他从湖北沙市来到北京，也带来了一口标准的沙市话。这口沙市话他一直保留至今，不容易；当然在课堂上李先生多少还是会打上一些普通话的补丁。饶是如此，大伙儿仍然听得费劲：他的口头禅“你比如说”听起来像“泥逼撸锁”。我这个南方人，上课也得凝神细听，北方同学更不必说了。记得有一次李先生讲《说文解字》，来了一个俄国留学生，那哥们听了一节课，下课后对着李先生深深鞠了一个躬，说李先生抱歉我实在听不懂您讲什么，然后落荒而去。对于自己的方言，李先生似乎也很抱歉。听他的学生杰鹏讲，李先生也曾经想学普通话来着，因为学不好，又害羞，所以干脆保持自己的英雄本色。不过我们却觉得李先生好可爱，沙市话算是先生的名片吧，对喜欢李先生智慧的学生来说，口音不成问题。

不改的还有李先生对学术的执著。他从木匠、瓦匠、板车工、印染工，一步一步，走到北京大学古文字教授岗位上。我看他上课的讲稿，工工整整地抄写在一沓厚厚的稿纸上，稿纸方框外面是密密麻麻的批注，那该是历年讲课的增补。这些讲稿如果搁别人那里，可能早就出版了，然而李先生却一直不肯拿出手，仍然在家里不断地锤炼，大概想炼出干将、莫邪吧。算起来，我听李先生的课共有三门，“说文解字”、“战国文字概论”和“出土战国方术文字资料研究”，应该是很幸福的。有一次课间我问他一个秦楚月名对照问题，李先生口讲指画，讲了大半天，第二次上课又重讲这个问题，让人感佩。

他谈到清末金石学家吴大澂，官至广东、湖南巡抚，感慨过去学者都是利用业余时间做学问的，我想李先生做木匠时也是利用业余时间学习的；他谈到朱德熙先生的成就，说古文字学的功夫不在古文字学本身，应该利用西方语言学方法来研究古文字学；他说做学问要掌握主动，别人能看出来的问题自己先交待，有些话不能说死了，因为所见的材料有限，等新材料出现想改都改不成了；他说知识面要宽，研究问题要专，古文字有时只需把相关材料排比在一起，问题就出来了。最后一堂课上，李先生自我总结：在大学撰述三十多年，一直干到如临深渊、如履薄冰，生怕误人子弟；做学问第一是正确，第二是要公正；文章的分析过程比结论更重要。这些话散见于我的几大本笔记内。可惜当时不用功，听李先生的课纯粹是旁听，并不想拿学分。我把李先生的这些话摘出，希望爱好古文字的人能够看到。假如把李先生考证古文字的过程拍成“探索”系列片的话，一定像福尔摩斯破案一样精彩。

记得有次去中文系，正好看见李先生骑着他的二八自行车过来，印象中二八自行车在城市很难看见，一般农民上菜载货才用的。我叫道“李老师好”，没想到李先生竟然飞身下马，说道“你好你好你好”，笑呵呵地和我攀谈起来。这让我多少有些受宠若惊。李先生问我什么时候回来读博士的，学习忙不忙，家里景况怎样。接着又骑着他的二八铁马飞身而去。

三、文献四君子

记得2000年考北大古典文献专业硕士时，指定的参考书就是孙钦善先生的《中国古文献学史》，煌煌两巨册，见出先生的深厚功底；后来买旧书的时候，又看到了孙先生的《高适集校注》，知道先生以朴学起家；今年去汉学书店买书，又看到了孙先生新出的《论语本解》，其时先生已经75岁高龄。孙先生的课我只听过“清代考据学”，说实话并不好听，然而这或者就是文献课的特点——可信者不可爱也。先生讲课喜欢竖着板书，像古书的体例。一进校我就听说了孙先生的一个掌故。那是孙先生给本科生开课，每次上课都要点名，只点两个。后来同学们摸清了孙先生点名的规律，敢情是按照学号点名呀。有一回上课大伙儿因故没有去，文献专业的同学本来就少，于是教室里孤零零坐着两个同学。孙先生一看不对劲，心想这回可要好好点一下名。哪知他按照学号点下去，两名同学都在，这多少让孙先生有些迷惘。

安平秋先生是《史记》研究专家，他的《史记版本述要》堪称独步。硕士时我选修过安先生的“史记研究”和“资治通鉴”课程。安先生给我的感觉是特别严谨。有一次我们会读张居正讲评的《资治通鉴》，似乎谈到名医“扁鹊”吧，我记得自己的中学老师说过“扁”当读为四声“遍”，就提出了这个看法。安先生很重视，又有些怀疑，立即让同学翻检《辞源》，结果证明了我的错误。从这件小事，我明白了做学问不能根据耳食之谈，一定要事必躬亲，半点马虎不得。安先生为人谦虚，别人称他为《史记》研究专家，每次他都要纠正道：“《史记》我只懂一点点。”古典文献专业里面，安先生算是比较幽默的人，他讲起笑话来总能不动声色，别人早已忍俊不禁，他却岿然不动。安先生的严谨、谦虚与幽默，应该有助于他领导全国高校古籍整理委员会吧。

看杨忠先生的简历，知道他“文革”期间曾经下放到江西大学，这不由让我这个江西人多了一份亲近。印象中杨先生在中文系开的课较少，我仿佛从来没有机会选修到，所以接触杨先生一般在同学们博士论文开题报告、预答辩和答辩的场合，我一般充当秘书的角色。每次都是杨忠先生首先发言，指出论文质量的好坏。他绝不吝惜对同学论文优点的赞扬，也绝不回避对同学论文缺陷的批评。杨先生告诫同学，做论文要存敬畏心，对于前人的研究成果，不能横扫千军一概否定，要善于吸取前人的长处；同时又要有自信心，敢于走出前人的影子，写出自己的观点。每当此时，我心中对杨先生都生起一股敬畏与欢喜的情感。

董洪利先生是我的恩师，对于他我又敬又爱，只是自己常常讷于言，不好意思表达这份感情。关于他本应做一篇长文的，限于体例我们暂且放过。董先生师从金开诚先生，注屈原，治孟子，研训诂，讲阐释，补苴罅漏，张皇幽眇，于古文献学研究理论别有会心。董师的特点是带着学生一道搞科研，让学生在研究中发现问题、解决问题。董师讲课声音宏亮，特别好听；板书也漂亮，每次上他的“训诂学”课程我都不忍心擦掉。在北大的评教网上，有学生留言，说他“认真，有亲和力，讲课清晰，知识丰富”，说他“为人善良，特别照顾学生，讲课也好”。师妹告诉我，董师评价人时常以“好人”、“坏人”为标准，这让我看到了先生的赤子之心。古文献教研室那时在四教有间资料室，董师让我在那边温书，记得有次被我弄得乱糟糟，先生给我留了一行字：一屋不扫，何以扫天下。那张纸我至今保存着，想到它就会想到董师。

几位先生皆能游心于寂寞，如四位谦谦君子。

四、钱先生

我接触钱理群，源于对鲁迅的挚爱。那时我刚到北大，慕名去听钱先生开的“鲁迅研究”课，记得当时是在哲学楼201阶梯大教室上课。第一次去我没有经验，提前十分钟到，教室早已人头攒动。我的一个法律系朋友跑来旁听，他也在愁眉苦脸地找座位。最后我们只好坐在阶梯教室顶端，从山上越过无数黑压压晃来晃去的脑袋，眺望坐落在山谷里的讲台，等着钱先生出现。

人群一阵骚动，一个胖胖的老人穿越出来，他将一个偌大的书包放在讲台上，开始喘息起来。尽管距离遥远，我仍然感觉钱先生头颅硕大，出奇的大，上面点缀了些零星的花白头发。他用苍老的声调阅读起鲁迅的《腊叶》：

> 我曾绕树徘徊，细看叶片的颜色，当他青葱的时候是从没有这么注意的。他也并非全树通红，最多的是浅绛，有几片则在绯红地上，还带着几团浓绿。一片独有一点蛀孔，镶着乌黑的花边，在红，黄和绿的斑驳中，明眸似的向人凝视。我自念：这是病叶呵！

那一瞬间我仿佛被电流击中，整个人都战栗起来。钱先生说道：他一生有两次与《腊叶》相遇——幼年时读《腊叶》，红的、黄的、绿的颜色中突然跳出一双乌黑的眼睛，非常美，又非常奇，更怪；晚年时体会到鲁迅把他的生命的颜色化作了枫树的生命之色。《鲁迅全集》我虽然通读过，却从来没有注意到《腊叶》。现在听钱先生用苍老的语调朗诵、评点、品味，终于感受到一种生命的深沉的美。看来，阅读鲁迅真的需要年龄和心境。多年以后，我读孙伏园回忆鲁迅的文章，才知道《腊叶》是鲁迅写给爱人许广平的，腊叶是自况，也是对许广平收藏这片病叶的爱的无言感激。钱先生的讲课，唤起了学生对鲁迅的生命体验。至今只要一回忆起钱先生讲课，耳畔就响起他朗诵《腊叶》的苍老的声调。

他讲课时常常情不自禁，说着说着声音就哽咽起来。大家静静地等待钱先生平静下来，知道他内心正波澜起伏，整个教室似乎升高了几度。翻阅当年的听课笔记，我注意到一行文字："钱先生在黑板后换装。"那是2001年4月11日，那堂课钱先生请韩国学者朴宰雨给大家讲韩国的鲁迅研究，钱先生坐在台下听，少有地穿着西装，大概是为了表示对外国学者的尊敬吧。朴宰雨讲完，钱先生开始上课，讲着讲着突然跑到黑板后面去了。等他出来时，西装不见了，代替的是平日的衣服。他向大家抱歉，说不习惯穿着西装讲课。大家都笑起来，觉得钱先生好可爱。他也的确不适合穿西装，一讲起课来就手舞足蹈，西装大概会绊住他的手脚；而且他激动的时候，衣袖上会蹭满粉笔灰，像工地上忙碌的民工。我们都认同他不穿西装是相宜的。

他说自己有一个思维原点，遇到问题的时候总会不由自主地回到鲁迅那里，想象鲁迅会如何回答这个问题。他的师弟陈平原有一回调侃他，说师兄你能不能哪回写文章不引用鲁迅，钱先生爽快地答应了。等到他再写文章的时候，仍然跳不出鲁迅的圈子，又不好意思自食其言，无奈之下只好羞答答地在文中写道：有一位思想家说过……接着又开始轻车熟路地引用起鲁迅的文字来。这段掌故一时成为美谈。

一个学期很快就过完了。当年钱先生的讲课录音早已形成专著《与鲁迅相遇——北大演讲录之二》，不过当时听课的讲义我还一直保存着，算作自己青春的记忆。

五、平原君

陈平原是钱理群的师弟。他被称为"平原君"，或许是来自其妻夏晓虹的一篇序言，不过我现在也懒得考证了。反正我觉得“平原君”这个名称好有味道，让我想起门客三千的战国四公子。

因为心仪章太炎，我选了陈先生的“章太炎思想研究”课程，上课地点就在中文系现代文学教研室。那是2006年秋天。教研室空间狭小，选课的同学便围着办公桌坐了两圈，陈先生居首席。他每次讲课看到来晚的同学，都要张罗道：“去拿把椅子，去拿把椅子”，晚到的同学赶紧找地方坐下，人多的时候会一直坐到教研室门外的过道上。其时大家一起会读章太炎的文章，虽说是会读，每个同学主讲一段，但我看倒是陈先生讲得居多。陈先生给我印象最深的就是才华横溢。他讲起课来滔滔不绝，思维跳跃起伏，腾挪跌宕，如行山阴道上，山川自相映发，使人应接不暇。看看周围的女同学，几乎能将陈先生的话一字不落地记录下来，我羡慕不已。听着他淡淡的潮州口音的普通话，我忍不住又发起呆来，为什么思想总能从他脑中的缝隙中迸发出来？

他有一回很害羞地告诉我们，当年他考北大王瑶先生的博士，师兄钱理群告诉他，王瑶先生对他很满意，说是“才华横溢”；不过又补了一句，就是“太溢了”，还不够节制。我们知道他讲这个故事不是为了炫耀，是在提醒大家做学问要尽量理性节制，而不要炫奇耀博。他年轻时喜欢韩愈的铺陈，不过四十以后转向深沉，大概是老而弥笃吧，开始亲近起太炎先生来。这话我深以为然。我也不喜欢韩愈一个意思颠来倒去地说，驰骋才气，内容单薄。难怪太炎先生认为六朝文章守己有度，伐人有序，堪称文质兼美。陈先生告诉大家做学问要踏实，用朴学功夫，字字落实，说有一套《大词典》挺好用的。大家告诉他现在网上早已有了电子版。他不好意思叫大家下载盗版，又希望同学能够用上光盘，“反正不管用什么方法，总之大家去弄一套《大词典》在自己电脑里”，陈先生最后总结道。同学们都笑起来，觉得陈先生太有意思了。课后，陈先生叫自己的学生拿着饭卡去食堂帮自己打饭，他和夏晓虹老师中午就在教研室与他俩带的研究生共进午餐，切磋学术，交流心得，每周如此。那情形颇像子路、曾皙、冉有、公西华侍坐，学生们如沐春风。不过我想孔子大概不会在吃饭时候与学生讨论学术吧，他老先生看上去那么严肃。

章太炎之外，我还听过陈先生的“学术规范与研究方法”，那是中文系博士研究生的必修课程。因为是给本系博士生开的专业课，所以陈先生只要了文科楼的一个小教室。谁知道上课时仍然挤满了慕名而来的外系与外校的学生。记得有个戴眼镜的哥们，穿着西装、打着领带，神情严肃地走进教室，许多人以为是陈先生来了，笑眯眯地等着他开讲。哪知这哥们却爬上了窗台，原来也是来蹭课的。陈先生讲课有如大气功师做带功报告，窗台上、过道上、讲台前的地上，坐满了幸福的听众。大家听他讲课，都露出神往的表情，笑呵呵地看着他，无论男女，无论老少。

他说一个大学，要能留得住老师。走在未名湖畔，看到朱光潜先生，虽然不一定和朱先生攀谈，学生却能领悟很多，老先生就是北大永远的风景。我想，多年以后，陈先生大概也会成为北大学生追忆的风景，犹如卞之琳的《断章》：“你站在桥上看风景，看风景的人在楼上看你。”

是的，五院的先生们都将成为一道风景。

匆匆九年

宫　铭

“九”是一个奇妙的数字，如果说“十”代表着一个阶段的完成、另一个新阶段的开始，那么“九”则是黎明前的那一段黑暗，充满了破茧而出的激动与惶惑不安。燕园九年，犹如世上千载。这是相对论中的时间，并非直线流过，而是像光线一样，折射、回荡与消散，似乎瞬间而逝，又似乎永远都不能完结。对于这段时间，我希望能像《北大往事》所说的那样：“让我们暂时放弃对伟大的颂扬，深入到幽微的往事之中。从这些个人化的讲述里，我们也许能找到伟大的根源。”从我的眼睛中，让那些尘封的岁月，发出自己的光芒。下面的文字，只是一些个人化的讲述，想记下铸造我的灵魂的九年往事，只是为了纪念自己在中文系九年的青春岁月，只是想让时间不再那么残忍与匆忙，只是为了忘却，而作的纪念。

五院的记忆，开始于 01 年那个酷热少雨的夏天。太阳底下每一件都是新鲜事，每一件都用崇拜的目光来膜拜。骑自行车的时候，都在想，要是不小心撞到一位耄耋老人，说不定就是一位学界泰斗，国宝级的人物，那可是犯下了滔天大罪。环顾四周，充满诗意的屋宇楼台，古老而陈旧的教学楼，阡陌之间，不知道晃动着多少充满智慧的脑袋，似乎在空气中，都浮动着思想的脉动和灵感的火花。我只是那一颗小小小小草，没有花香，也没有树高。中文系五院的红色大门，对我来说是那样的高大、庄严、遥不可及。当时我没有想到，终于有一天，当我要走出五院，走向社会的时候，五院的那一抹红已经融入我的血液，即将逝去，却又永远如影随形。

记得我们的迎新大会，陆俭明老师给我们做了报告，当时我们面临着划分具体专业的选择，要分为文学、语言和文献三个专业，当时的我们，还是那样的懵懂，根本不明白这几个不同的方向代表着什么。陆老师寥寥十几分钟的演讲，慷慨激昂，深入浅出地介绍了语言学的重要价值，演讲完毕，二十几个学生毫不犹豫地选择了语言专业。我想，他们应该是为陆老师的风采所折服。后来我发现，几乎在每一个五院老师的身上，都能感受到风格不同的魅力与影响力。

北大对学生的管理，奉行一种自由而民主的立场。习惯了高中老师的耳提面命，到了北大，老师一下子成了我们的同辈兄长，很少干涉我们的生活，却能与我们把酒言欢，平等交流。我们的班主任，宇宙超级无敌霹雳钻石王老五王风老师是我们的特级奶爸，衣食住行，吃喝拉撒，说学逗唱，琴棋书画，不管什么事情，都可以找他倾诉。大山大水的嬉闹，大江大湖的瞎侃，浴乎沂，风乎舞雩，腐败而归。这种纯粹的快乐，青涩而真诚。一去而不可复归，弥足珍贵。

作为一名文学专业的学生，语言学的专业课上得不多。印象最深刻的是袁毓林老师的“现代汉语”，课堂上讲了什么大部分已经忘记了，只记得袁老师每堂课一定要认真地点名，上课时点，下课时还要点，不会抽查，每次点名一定要从头点到尾。袁老师有些近视，每次看点名册都有些吃力，但却没有人能蒙混过关，替别人答到。最令人无奈的是期末考试的时候，卷子已经发了下来，袁老师又掏出了点名册，从头到尾点名一遍。下面的同学已经绝倒无数，袁老师抱歉地冲大家笑笑，还是一丝不苟地完成了他本学期最后一次点名大业。

也曾亲耳聆听过孟二冬老师的课程，那一年正是非典肆虐的时候，孟老师教我们“中国古代文学史”。印象中的孟老师是那样的清癯，态度温和而安详，上课的时候，板书很多。我们所有人都在下面心安理得地摘抄笔记，竟然没有一个人看出，孟老师当时已然是一个病人。时光一闪而过，孟老师离开已很久，轰轰烈烈的学习与表彰也告了一个段落。我想，那些荣誉与奖章固然是一种无可奈何的补偿，但对孟老师最好的纪念，还是在亲人、师友心中，那永远定格的淡定而从容的身影。

五院传奇的老师太多，有一袭长衫，会给我们唱宋诗的张鸣老师；有背面看像福尔摩斯，正面看像黄健翔的大侠孔庆东老师，等等等等。几乎每一位“传说中”的中文系的老师，我们都有了第一次乃至第N次的亲密接触。每到深夜，寝室的卧谈会上，我们最喜欢讨论老师的趣闻琐事。这个时候，我才真正感觉到，我已经成为五院红色大门里面的一分子，对五院，对中文系，担负着一份责任。

大一下学期，我们开设了“文学原理”课程。在这门课上，我第一次见到了我的授业恩师，董学文老师。我们课后总结，这个小老头可不简单，个子不高，精神真好，眼睛不大，学问不少。他的老师可是当年放火烧了赵家楼的犯罪分子，鲁迅爷爷的学生。或许是机缘巧合，入学以来，一直缺乏自信的我，鬼使神差地主动申请做了一次报告，整整一节课的时间。第一次独立准备一个专题，而且是文学理论的专题，真是战战兢兢，汗出如浆，根本不知道自己讲了些什么。骰子一掷，就这样造成了偶然，命运的轮盘在这一刻开始转动，让我踏上了文学理论这一条“贼船”，至今徜徉船上，不知何时靠岸。

本科四年，迷惘的少年刚刚睁开他的双眼，紧接着就是求职、毕业、狂欢、离别，中文系是一个永恒的站台，默默观看着莘莘学子来回往复。我很幸运地搭上了保送直博生的第一班列车，正式成为董老师的学生。董师是一个很简单的人，有一种儿童般的天真、质朴，对一切充满兴趣，经常做出一些让人哭笑不得的举动。友人曾送给他一盆水仙花，清水供养，亭亭玉立；等到花谢时节，落英满地，令人不舍。董师突发奇想，将水仙的青叶摘下，洗净，用油和肉丝爆炒了一盘小菜。等到师母和儿子回家，欣欣然奉上，自称绿色食品。师母和儿子嫌苦不吃，董师不舍自己的劳动成果，吃了几口，就这样被送进了医院。洗胃，输液，很是一番折腾，还被医生怒斥：已经是21世纪，竟然还有堂堂北大教授，要当李时珍，尝百草！

现在想想，仍是后怕。我想，董老师的这种童真之心，或许正是李贽追求的那种真人、真心。“天下之至文，夫有不出于童心焉者也”，如此为人，方能写出一片真性情的学术文章。

董老师的恩师杨晦先生年事已高，对于董老师的指导仅仅是宏观、全局式的。记得董老师跟我们描述去杨晦先生家中做客的情景，杨晦老师是当时的系主任，他的房间却是颇为简陋，只有几件旧式家具，却满屋子都是书。师母摆出精致小菜，杨先生席间谆谆教导，董老师正襟危坐，一言不发。正是因为太过尊敬，所以更加珍惜难得的机会，只愿聆听，不忍打断。

董老师经常给我们讲前一辈老先生治学、为人的趣事，作为一名老北大，他见证了北大中文系最“辉煌”的年代。他给我们讲王瑶先生的“旧式”与严厉，讲林庚先生的随性与诗意，一打开话匣子，就滔滔不绝。言下之意，还是希望我们能够收一收浮躁的心态，学一学老北大严谨、求实的学术精神。他们这一代的北大人，都经历了历史的动荡与起伏，所以对于现在平稳的学术环境，倍加珍惜。而我们这一代年轻人享受了太久的太平盛世，缺乏对于历史的批判性、对于学术的责任感。所以我们的文章，空有一堆冠冕堂皇的套话，却流于表面，难以深入。

中文系历来不缺才子，北京大学的中文系更是聚集了知识界中的精英。但是董老师却毫无精英的做派，每天蹬着年纪比我还大的二八永久车，往返于五院与住所之间。春秋寒暑，换来换去，也就是那几套看不出任何新潮与款式的衣服。在北京熙熙攘攘的人群中，董师可谓是泯然众人矣。他的住所，墙壁竟然没有粉刷，直接用书架子挡上，连瓷砖都是从旧房子拿来的，废物利用。唯一值得炫耀的，就是那一屋子的书，书架早就摆不下，床边、地上到处都是。我们常常以各种借口去“整理国故”，顺手牵羊一番。董师总是大呼“硕鼠”，却又听之任之，似乎还满心欢喜。

随董师外出开会，众多学术大师如众星拱月般耀眼，而他似乎总是沉默惜言，颇有些黯然失色；凡事亲力亲为，丝毫不愿意特殊化。或许越是不凡的人物，越不需要用外在的事物来宣示自己的存在，越是不愿意成为焦点，而宁愿独享自己内心的宁静。从成为他学生的第一天起，我们就被教育说，搞学问，需要做到“远离媒体”，要有一个好屁股，能坐得住；十年寒窗，要穷尽一切资料，然后方有小成。当年董师留校时，住的是南门旁边的筒子楼，破旧而简陋。就是在这样的陋室里，想要抵抗名利与金钱的诱惑，坐得住，已是不易。后来经济变好，更是有无数的诱惑接踵而至，或是步入政界，或是成为文化名人，任何一种选择都是常人求之不得。但董师还是据守着他的三尺讲台。我曾经不解，也曾问老师，为什么不去扩大自己的影响，为什么不顺水推舟，利人利己。董师告诉我，人一辈子能把一件事情做好，就很不容易了。他这一生，只希望能够做好文学理论这一件事情。杂务过多，自然受其牵掣；名利缠身，自然患得患失。只有学会拒绝，才能坚持自己的本心，做自己真正喜欢、真正擅长的事情。

北大的老师之所以能坚持自由、独立、批判的精神，或许正是因为他们懂得拒绝，懂得远离，方能悠然物外，成为无冕之王。他从来不想将自己的选择强加给我们，而仅仅是以自己的所作所为，宣示了这样一种存在，让我明白，人生之路还可以有这样一种选择，内心的圆满，再多的物质也无法取代。

在学术争论之时，董师又是针锋相对、当仁不让的。他的学生有时都很奇怪，董老师哪里来的如此大的韧性与精力。平时温文尔雅、和蔼可亲，但在学术上却又如此的认真与不通融。在现今充满等级、阿谀奉迎、官阀林立的学术界，这种不肯通融往往会带来落寞和打击，甚至在会场被限制发言。对于这些，董师都是一笑置之。正是因为选择了一条独立的学术道路，无所恃而无所惧，虽充满荆棘，却更能激发杜鹃啼血的最强音。

董老师对我们的学业，采用一种无为而治的方法，不给我们制定具体的方向，而要求我们自己选定感兴趣的课题；不会因为是我们的老师，而替我们做主。他的学生，选题古今中外，五花八门。但对论文质量，却一丝不苟。董老师为人温和，很少发火，但我也曾见他因为论文存在问题，疾言厉色，使我不由战战兢兢，为自己捏一把冷汗。

文学理论教研室是一个融汇了古今中外的教研室，古代文论的卢永麟老师则是完全的“古风古韵”。卢老师是典型的老式文人，不会用 email，不会上网，连课件都是手抄复印版，每一张都可以当做字帖来用，每次一发下来，立刻被哄抢一空，估计现在好多人都珍藏着卢老师的课件。他的课堂板书，是一场美轮美奂的书法展示，笔力奇佳，导致同学们最不喜欢给卢老师擦黑板，每一笔都入板三分，极为难擦。无论多大的风沙，卢老师的头发都是纹丝不乱，衬衣雪白，西服笔挺。卢老师讲课，永远直视前方，很少与同学眼神交流。

金永兵老师则是一副风风火火的样子，他同时也是中文系党委副书记，行政上也要担负很多的任务。你在学术上可以找他提高切磋，生活上可以找他排忧解难，思想上可以找他望闻问切，真是无所不能。失恋、吵架、经济困难，他是中文系永远的救火队员，拉着警笛，永远在奔赴“救灾”前线。从本科生到博士生，基本所有人的情况，在他心里面都有一个明细表。自己还要挤出时间，做自己的学术研究。他就是自己的将军，指挥自己全天候地冲锋陷阵；全体人的士兵，俯首甘为孺子牛。真是应了他名字中的“永兵”二字。

这篇文章已经写成了一篇流水账，东一榔头西一棒子，想说的却还有太多太多。匆匆九年，弹指一挥间。我自己已然从少年步入青年，心态日老。令我惊异的是，我的老师们似乎丝毫都没有改变。岁月的流逝，在他们身上，没有改变一丝一毫。虽然他们自己常常感慨“廉颇老矣”，但在我的眼中，他们已经成为一种精神的象征。他们的生命已经融入到自己的著作当中，他们的学问已经成为另一种生命力，无论时间、空间如何变换，他们已经成为五院的红色大门中，永远不变的一道风景。

2010 年 6 月于畅春新园

北大食记

张一南

突然想起大一的时候，在吴晓东老师的课上接下茬的事来。吴老师在讲台上儒雅而又认真地说："同学们，你们觉得五四是什么？"我小声地说："体育场。"过了若干时，老师又说道："同学们，你们觉得家园是什么？"我说："食堂。"

后来看杨绛先生的《我们仨》，里面说到钱钟书先生在牛津读书，说到牛津规定，学生"每周得在所属学院的食堂里吃四五次晚饭"，并且说"吃饭，无非证明这学生住校。吃饭比上课更重要"。据说钱钟书先生还说，获得优等文科学士学位之后，再吃两年饭，就是硕士；再吃四年饭，就成博士。我盘算了一下，我因为家在本地，所以即使是认真住校的时候，每周也只在北大吃四次晚饭，介乎合格与逃学之间。后来就连四次晚饭也吃不到了，于是肯定不合格了。而从年头上论，我在北大已经吃了近八年的饭，再吃一年，也许就要变成博士了，当然是不合格的。尽管饭吃得还不够，但在回忆北大生活的时候，还是难免回忆起关于吃饭的种种。

嫁为清华人妇而尝试了传说中美妙的清华食堂之后，我逐渐发现母校的食堂还是颇有可爱之处的。但当年我们总是对她充满了各种各样的意见。比如有男生会抱怨食堂的羊肉串太贵，"一块钱只能买一串，在我老家可以买60串，那样就可以吃饱了"。——虽然我一顿只吃得下一串。而我印象最深的则是燕南早餐冰冷的牛奶。

因为忌惮大叔中气十足的吼声，所以我早晨几乎不曾在博实买过包子，而是会到燕南美食去买一袋牛奶，外加一个鸡蛋，坐下来吃完，正好赶上图书馆阅览室开门。我很纳闷当时网上疯传的北大贫困生，为什么宁可在图书馆啃面包度日，也不肯到几步之外的燕南来吃一份比面包便宜的经济菜。不过燕南早晨的牛奶够冰的，即使冬天也不例外。一喝燕南美食的牛奶，我就想起《庄子》里“今吾朝受命而夕饮冰，吾其内热与？”的句子来，连带着想起“食美食者必内热”的注疏来。以至于每天早晨起来，寝室大姐问：“何之？”我答：“饮冰。”然后我们便心照不宣地向燕南走去。

在食堂吃饭的时候，总会有各种各样的声音飘进耳朵，令人获益匪浅。胡续东老师有一首题为《食堂》的诗，讲的就是这种情景。不过那诗里写的都是他听到的。我听到的印象最深的有两句话，一是“学一的冬菜包就是人生”，一是“唐诗就像城隍庙的千张结一样”。于是我想，钱钟书先生的那些高明的比喻，一定是在牛津的食堂里磨练出来的。

偶尔的偶尔，我们也会在寝室做东西吃，尤其是非典的时候。非典时期，刘瑛老师赐给我们寝室电饭锅一只，厨具若干。非典过后，这套器具便闲置下来，我就琢磨着把它们利用起来。于是，我去问张鸣老师：“老师，用电饭锅可以煎茶么？”张公镇定地回答：“那要看你煎什么茶了——干吗要用电饭锅？”我说：“我们寝室只有电饭锅。要不用电饭锅，就只好用火锅了……”张公曰：“干吗要煎茶？”我说：“羡慕古人的生活方式。”张公很严肃地回答：“哦，用电饭锅煎茶，那味儿就不正了。为什么呢？因为电饭锅有铝胆。煎茶应该用砂锅，柴锅也可以，当然，偶尔用用电饭锅也没什么不可以。煎茶别煎绿茶，煎绿茶，不就浪费了么？乌龙茶也不能煎，要煎就煎红茶。你用什么碾茶呢？”我沉思片刻，道：“擀面杖？”

不过伙食常有改善的时候，因为社团是经常会聚餐的，老师们和师兄们也是经常会请客的。刚一入学，本科生导师王娟老师就请我们吃了饭，叮嘱初入燕园的注意事项。后来钱志熙老师给本科生做导师的时候，问我："本科生的导师都干什么？"我想了想说："请吃饭。"

钱公请学生吃饭也是不少的。和其他导师一样，钱公逢年过节会请弟子们聚餐。我在尚未名列钱门时，也会跑去蹭饭。钱公说："你们要跟我学东西，不能光听我的课，要来吃饭，聊天。"于是我很欣喜地记住了。社团聚餐的时候，我们也会拉上作为指导老师的钱公。学诗、写诗的人聚在一起喝酒，总是免不了拿诗来游戏的。即席联句不够爽利，就用诗来行酒令。比如行"花"字令，一桌人就要一人说一句带"花"的诗句，不得重复。若是说不上来，被下家先说了，说不上来的人就罚酒。一开始，才子们都游刃有余，几圈下来，就有些举步维艰了。从"名花倾国两相欢"、"梨花一枝春带雨"这样的风雅之句，一直说到"牡丹花下死"，说到"洞房花烛朝慵起"，仍有人免不了被罚酒。背不出诗的时候，才子们便自己编几句出来，于是文学创作产生了。"编也好，看谁编得像那么回事。"钱公笑着说。最后师兄师姐们都决计自己闷头喝酒了，只有我不知天高地厚地卖弄着小孩子的记性，一句一句地背出来。"让她说，她记得多。"钱公说。

后来大家觉得酒令也还是气闷，于是便如湘云转攻拇战一般，转而玩起了"杀人"游戏，并且拉钱公一起玩。一开始，钱公似乎不太熟悉规则，呈懵懂状。一轮下来，我最先被干掉了。我指控说："是钱老师杀的吧？"钱公淡定地说："第一轮肯定不是你被杀就是我被杀，这里头就咱俩特殊。"最后，杀手赢了。这个隐藏得很深的杀手不是别人，正是钱公。我说："我们不要跟钱老师玩'杀人'了。你们知道吗，前天的文学史课，钱老师讲郭璞，说王敦谋反，郭璞借算卦劝他不要反，王敦说：'你给自己算过没有？'郭璞说：

‘算过，我今天要死。’于是王敦就把郭璞杀了。钱老师评论说：‘我要是王敦，我就偏不杀他。’”众人不解所谓。钱公狡黠地一笑，解释说：“她的意思是，我比王敦还要阴险。”

除了导师，任课老师也会请吃饭。古文论期末考试的时候，我有好几个背诵题都答不出，于是顿觉一世英名毁于一旦，悲摧着破罐破摔地提前交了卷。出了考场，我给一个徒弟发短信说：“为师考砸了，责令你请为师吃饭，安慰为师破碎的心。”那徒弟连忙答应了。正在这时，助教师兄追出来说：“张一南你不要走，考完张健老师请你和丛治辰、陈恒舒吃饭。”我只得戏剧性地再给徒弟发短信，取消饭局。

请吃饭最多的，还是班主任李鹏飞老师。到我本科快毕业的时候，李老师几乎形成了条件反射，一看到我，便认为我是来蹭饭的。如果手里恰好没有现钱，他会说：“我请你到食堂去吃吧。”事实上我也的确是来蹭饭的。李老师教导我说：“文人就得喝酒。”我说：“我怕把脑子喝坏。”他说：“只要你不经常喝醉就不要紧。”于是，我被教唆着开始喝酒了。记得有一次，我们俩一人喝了一瓶啤酒，都有点微醺。下一次，我不敢要那么多了，说两个人喝一瓶就够了。喝到中途，李老师说：“看不出来，你还挺能喝的。”我无语，低下头戳手指，不服气地想，李老师，上次您也就喝了一瓶，就醉得忘了我也喝过一瓶么？

李老师最欣赏的酒囊饭袋是丛治辰。有一次，我当着李老师向丛治辰核实：“听说有一次你和陈恒舒拼饭量，吃水煮鱼。最后实在没什么可拼的了，你端起水煮鱼的汤就喝，有这事么？”丛治辰腼腆地回答：“也没都喝了。”

师兄也会请客的，比如柳春蕊师兄就会经常请客。柳师兄请客要家常得多，也有爱得多。传说，他会在饭卡里还剩十五块钱的时候，慨然请两个师弟吃面；会把从家乡带来的咸鱼带到食堂，和师妹分享。尤为有爱的是，我大一时第一次和柳师兄见面，柳师兄先是谈了他对诗古文辞的理想，然后又嘱咐我要多锻炼身体，不能像林黛玉一样咳咳嗽嗽的。临走，他突然神神秘秘地塞给我一样东西，说："你拿着吃吧，我导师给我的，我不喜欢吃这种小孩子吃的东西。"我打开看时，却是一条威化饼干，对北大的师兄顿生高山仰止之感。

对了，师姐也请客。我的师姐陈岚，对美食有着高超的品味。她在发现了蓝润大酒店之后，一周内去了五次。第六次去的时候，就发现该酒店倒闭了。于是她说："我在人世间又少了一个牵挂。"在她的带领下，我们吃垮了学校周边的一家又一家饭店。一来二去，这位我起初颇有些敬畏的师姐，和我吃成了闺蜜。而我也从小腰秀颈吃成了弱骨丰肌，同时从立身谨重堕落成了为文放荡，完成了从初唐到晚唐、从明初到明末所必经的诗学蜕变，灵魂和肉体得到了双重的提升，在此感谢她。

北社两周年社庆的聚餐，来了很多老师，很多博士师兄，我这个大二的孩子夹在其中格外稚嫩。所谓"将军樽旁，一人衣白"，大概就是这样了。黄斌师兄在小心地求证了我不是博士之后，便和我序起年齿来。我那年 19 岁，师兄整整大了我一倍。于是师兄建议："咱们最大的学生和最小的学生，一块儿去给老师们敬个酒吧。"聚餐之精髓，或许就在于能和很多比自己成熟的人交往，像一个大家庭中的小孩子一样，在温暖中好奇地张望这个家族行事的方式。

老师会请吃饭，但是也会不让你吃饭，不让你吃饭的方式是压堂。张公是压堂的大客户。张公的课总是塞满了无数的知识和段子，因此对课程的时间边界构成了极大的张力。张公总是在努力地多说一点。他会提前一点上课，课间"咱们还休息吗？不休息了"，所以压堂更是情理之中。因故误掉的课时，也总是想法补回来。饶是这样，张公的课还总是讲不完。一次，李鹏飞老师问："张鸣老师的

‘唐宋词选讲’讲到哪里了？”我陶醉地说：“正讲敦煌词呢。”李老师便疯了：“还在讲敦煌词？！”我才意识到这学期已经过去大半了。最后，张公以迅雷不及掩耳盗铃之势挑了几位北宋的大家来讲，终于用苏东坡为这门课画上了一个辉煌的句号。

就是这门“唐宋词选讲”，张公曾经在元宵节那天讲元夕词专题。他讲，元宵节是古代的狂欢节，青年男女在这天晚上可以自由地交往，继而感叹古风不存。其实，古风还是存的。张公的课是下午，下课的时候，天已经黑了。透过教室的玻璃门，我看到，随着下课时间的临近以及超过，越来越多的男生出现在门口，等待着里面听课的青年才女。那天正好没有月亮，下雪了，于是男生们便“程门立雪”。于是我想，今晚为什么没有月亮呢？大概是天上也在讲古吧。于是我写：“天宫亦说昔年事，不放嫦娥俗子看。”

老师有下午压堂的，自然也有中午压堂的，比如金永兵老师。金老师讲文学原理，讲着讲着便扯开去了，并扬言：“听不懂的人名就不要记了。”下课铃响后，他还会坚持把这一小段讲完，并且笑嘻嘻地安慰我们说：“别着急，我知道，农园去早了没座儿。”

农园去早了没座儿，可是去晚了没饭。如果中午还有课，那就越发连吃饭的时间都没有了。我曾经在半饥饿的状态下，听滕军老师讲“怀石料理”的由来，心想这真是个好办法，下回出来上课，带个暖水袋。

基于这样的原因，很多中午上课的老师提供了变通的办法。比如吴晓东老师就说：“上我的课可以吃东西，只是不要吃出声音来。”低年级的时候，我们还比较规矩，基本上只是买了饼干、汉堡，在等候上课的时候吃一点。但到了高年级，就越发不像话了。我大三的时候，选了文学专业和文献专业所有的限选课，于是周旋于各种教室之间。当时陈晓兰老师的古文献学史是中午上课，课前我懒得去吃饭了，便和小徒金学影到燕南去买两个猪蹄（有时候是猪尾巴），到课堂去啃。陈老师上课的时候，是让学生按座位的顺序轮流读教材。如果是轮到读文言文，还要讲解一下。那天，坐我前面的陈莹雪，正赶上一段很长的、关于《周易》和历法的、考证性的文言文。于是我躲在她身后，放心地从抽屉里拿出没啃完的半截猪蹄来接着啃。不想她老人家读到一半，突然很不厚道地说："老师，这些我实在弄不清楚。我后面那个人特别懂这些，您让她讲吧。"老师说："好的。"于是我慌忙把猪蹄一扔，把嘴一抹，从金学影手中抢过教材，定定神，便讨论起关于气候迭变和七日来复的问题了。最后，老师似乎还说了个"很好"。

人都说"铁打的营盘流水的兵"，而我这个没出息的留级生，居然有幸见证了八年来学校食堂的推陈出新以及学校周边餐饮业的前仆后继，因而深深体会到了人生的无常与绚丽。这中间的故事不断地变更着，而在北大吃饭的欢乐情绪就这样在不经意间流传了下来。虽然有一天我终将离开这里，曾经进入过我记忆的一切欢乐的形式也终将变更，但我相信也可以想象，这种我曾经参与过的欢乐，这欢乐的灵魂，必定将在我们的食堂——我们的家园——永恒地流转着。

编后记

我们这本书其实应该叫做《北大中文系的先生们》，所收大多为学生后辈记叙他们在北京大学中文系求学期间受先生教诲的文章。因为北京大学中文系办公室和教研室自 1978 年至今一直在静园五院，幽美、静雅的五院多年来一直是北京大学中文系的象征，而且明年中文系即将搬离五院，去一个新建院落，为了纪念我们在五院的成长岁月，为了表达对中文系先生们的敬仰，为了庆祝中文系百周年华诞，我们编选了这本小书。

北京大学中文系名师辈出，其人格、风度、学问熏陶、感染了一代代学子，传续着鲜活而悠久的北大中文精神。自去年下半年发出征稿函后，我们得到了系友们的热烈响应和大力支持，陆续收到不少文章和照片。就文章而言，其中有已发表过的佳作，也有新写就的美文，篇幅有长有短，作者有老有少，作者所毕业班级既有本科班，也有硕士班、博士班，时代有先后，文风各不同，较全面地反映了近三十年来五院先生们的风采和精神。而这些照片，既有珍贵的泛黄了的黑白照，也有新近拍摄的色彩艳丽的数码照，都生动形象地表达了中文系先生们的风采和真淳、融洽的师生之情。

书中所收文章分为两大类，大多是写离退休先生的，一文写一人，此类文章按所写先生年庚排次；后几篇合写现任老师，文章以作者入学时间为序。征稿时间仓促，且我们经验有限，幸好选编过程中得到陈平原、夏晓虹、张鸣、王风、金锐等老师不少帮助，谨致谢忱。

杜晓勤、邵燕君、柳春蕊

2010 年 7 月于北京大学静园五院